统计数据会说谎

让你远离数据陷阱

[美] 达莱尔·哈夫（Darrell Huff）◎著
靳琰 武钰璟◎译

HOW TO
LIE
WITH
STATISTICS

中信出版集团 · 北京

图书在版编目（CIP）数据

统计数据会说谎 /（美）达莱尔·哈夫著；靳琰，
武钰璟译 . -- 北京：中信出版社，2018.1（2019.12重印）
书名原文：How to Lie with Statistics
ISBN 978-7-5086-8214-3

I. ①统… II. ①达… ②靳… ③武… III. ①经济统
计－统计数据 IV. ① F222

中国版本图书馆 CIP 数据核字（2017）第 246586 号

统计数据会说谎

著 者：[美] 达莱尔·哈夫
译 者：靳 琰 武钰璟
出版发行：中信出版集团股份有限公司
（北京市朝阳区惠新东街甲 4 号富盛大厦 2 座 邮编 100029）
承 印 者：山东鸿君杰文化发展有限公司

开 本：880mm × 1230mm 1/32 印 张：5.5 字 数：100 千字
版 次：2018 年 1 月第 1 版 印 次：2019年12月第 5 次印刷
京权图字：01-2014-0416 广告经营许可证：京朝工商广字第 8087 号
书 号：ISBN 978-7-5086-8214-3
定 价：39.00 元

谨将此书献给我的妻子

世界上有三种谎言：谎言、弥天大谎和统计数据。

——迪斯雷利（Disraeli）

对讲求效率的公民而言，总有一天统计思维会和读写能力一样不可或缺。

——赫伯特·乔治·韦尔斯（H. G. Wells）

让我们陷入困境的并非我们不知道的东西，而是我们知道但并不正确的东西。

——阿蒂默斯·沃德（Artemus Ward）

整数总是有问题的。

——塞缪尔·约翰逊（Samuel Johnson）

对于统计这门学科我想写的东西很多，但是我深知如果非要把它说得准确而透彻，我的语言水平还远远不够。

——弗朗西斯·高尔顿爵士（Sir Francis Galton）

目 录 HOW TO LIE WITH STATISTICS

引 言

HOW TO LIE WITH STATISTICS

我的岳父从艾奥瓦州搬到加利福尼亚州没几天，就对我说：“这个地方的犯罪事件太多了！”他所读的报纸的确报道了许多犯罪事件。这份报纸从不放过报道当地的任何一起犯罪事件，而且以注重报道谋杀案闻名，其详尽程度超过了艾奥瓦州的任何一家大型报社。

我岳父的这一结论属于非正式统计。这个统计基于一个明显带有偏差的样本。与其他许多较为规范的统计一样，这个统计也存在虚假的成分。因为这个统计认为报纸上报道犯罪事件版面的大小是衡量犯罪率高低的标准。

几年前，十几位调查人员分别发表了一份关于抗组胺剂药物的报告。每份报告都表明，服用该药物后感冒会明显好转。紧接着就是各种各样的渲染，至少广告商是这么干的，于是这种药物被大量生产。造成这一结果的原因是人们一直对药物有着大量需求，也从未越过统计学去了解自己早已知道的事实。正如亨利 · G · 费尔森（Henry G. Felsen，他是一位幽默作家，但绝不是医学专家）很久以前所说的，适当的治疗可使感冒在七天之内痊愈，但如果任其自然发展，感冒则会持续一个星期。

那么，你读到和听到的事情大多也是如此。那些平均数、各种关系、趋势图以及图表并不总是一致。你所看见的未必是真实情况，事实上这些数据要么被过于夸大，要么被隐瞒。

在如今用事实说话的社会中，统计这种神秘的语言是如此诱人，但它却被人弄成了耸人听闻、华而不实、迷惑不清且过分简单的东西。在报道社会和经济趋势、商业状况、民意调查、普查时要用到大量数据，此时统计方法和术语就不可或缺。但是，如果作者们不能诚实报道甚至根本没有理解这些统计词汇，读者也就无法明白作者所说的内容，那么这些统计结果就只能是无稽之谈。

如今科普读物很受欢迎，但这些书籍往往滥用统计数据，这让人联想到这样一幅场景：灯光昏暗的实验室里，一个穿着白大褂的人忙得天昏地暗，还没有加班费，正如“加一点粉末，再加一点颜料”，这样的统计数据把许多重要的事实搞得面目全非。一个精心包装过的统计结果比希特勒的弥天大谎还要厉害，因为它虽然误导了你，但你还没法去指责它。

在教人如何用统计“行骗”的同类书籍中，这本书只能

算是初级读本。它看起来像是一本“骗子指南”。也许我可以为这本书稍做辩解：这就好比一个洗手不干的窃贼出了一本回忆录，书中描述了如何能不出声地撬开门锁，其水平之高让研究生都佩服。既然“骗子”都已经熟练掌握了这些诡计，老实人又怎能不学来用于自卫呢?

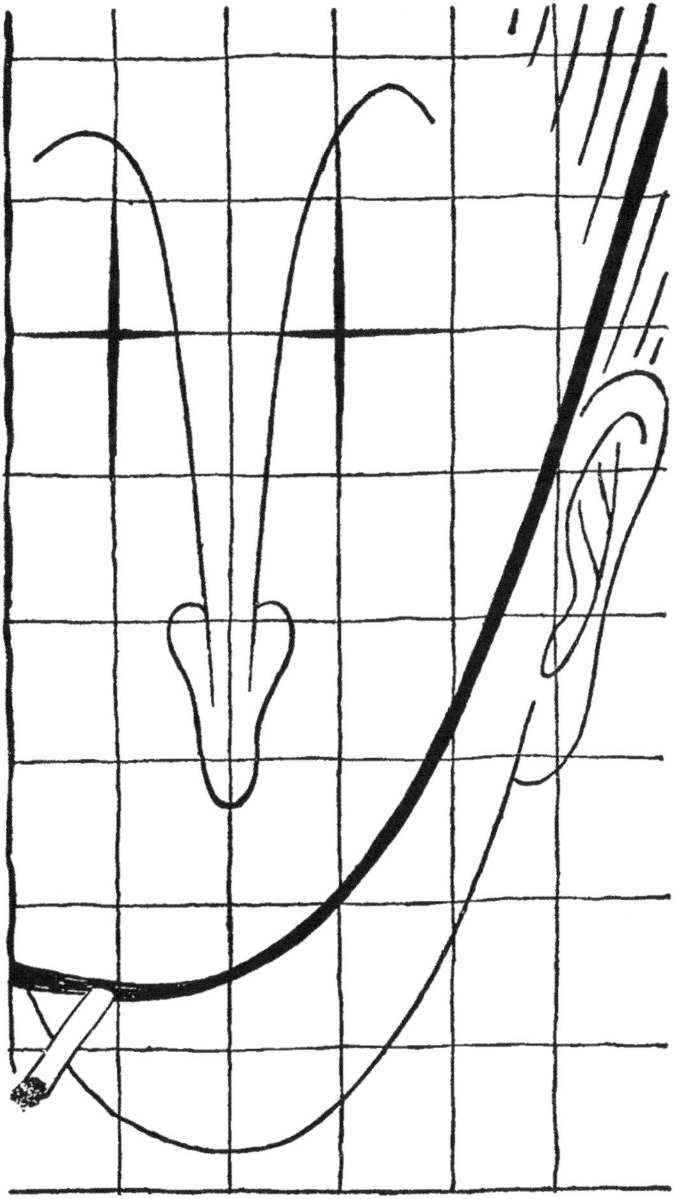

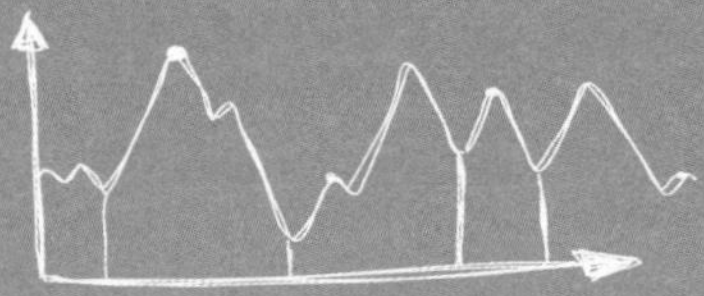

How to Lie with Statistics

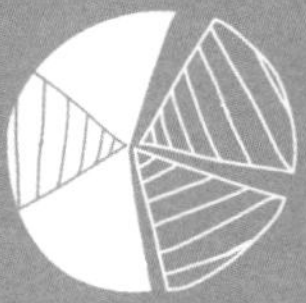

第一章

带有偏差的样本

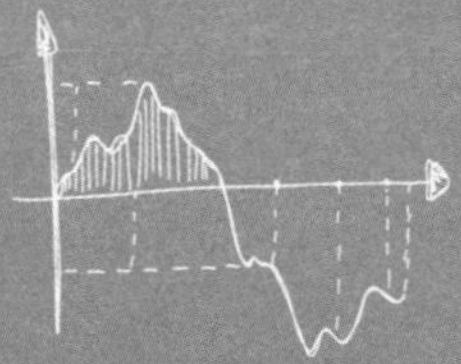

在评论《纽约太阳报》(*Sun*)有关报道时,《时代》(*Time*)杂志曾特别指出:"耶鲁大学1924届毕业生平均年收入高达25 111美元。"

哇哦,他们实在太厉害了!

但稍等一下。这一令人惊叹的数据究竟意味着什么?它是否像表面看起来的那样,足以证明如果你将自己的孩子送进耶鲁大学,你就可以安享晚年,你的孩子也可衣食无忧了?

在充满怀疑地乍一看之后,我们发现这个数据有两个可疑之处:首先,它精确得让人吃惊;其次,它给人带来难以置信的好处。

把那些四处分散的人的平均年薪搞清楚并精确到个位数，这个可能性实在很小。就算你对自己去年的收入要做到一清二楚都不太可能，除非这些收入全部源自薪水。而25 111美元的年收入通常并非全部来自薪水，这部分耶鲁毕业生很可能还有零零散散的各种投资。

毫无疑问，这一令人羡慕的平均数是根据耶鲁毕业生自己报出的数据计算而来的。即便1924届毕业生在位于纽黑文市的耶鲁大学念书时谨遵其信用制度，我们也不能因此肯定多年之后，他们依然恪守该信用制度，他们口中的这些数据依然真实可靠。当被问及收入时，他们中的有些人难免会因虚荣或自负而有所虚报；有些人恐怕会尽量瞒报收入，特别在涉及所得税的问题上，他们也许会因担心与其他表单上的数据互相矛盾而犹豫不决，那些税务官们会不会看出什么端倪来呢？这两种倾向——虚报和瞒报——也许会互相抵消，但事实上这不可能。其中一种倾向也许会占上风，但究竟哪种占上风我们不得而知。

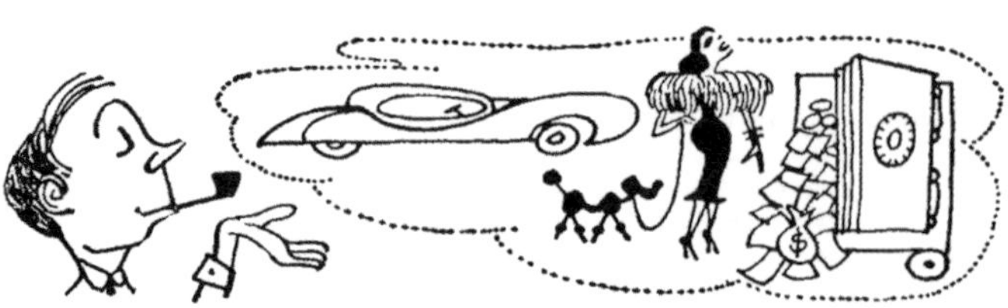

根据常识，这一数据绝对不真实，那么就让我们来分析一下。我们先来看看导致最大误差的原因，就是这个原因炮制出了某些人“平均年收入高达 25 111 美元”的神话，然而事实上，他们的真正年收入也许仅仅接近这个数字的一半而已。

这就是抽样过程。在处理各类问题时，抽样过程是你所接触到的统计学主要内容的核心。其基础原理非常简单，尽管在实践中其精细到已衍生出了各种分支原理，而其中一些并不可信。如果你有一桶豆子，有些是红色，有些是白色，现在只有一个办法能让你准确得知每种颜色的豆子各有多少：一颗一颗地数。不过，还有个方法更加简便可行：随便抓一把豆子，然后数出红色豆子有多少颗，设想红色豆子在这一把豆子中所占的比例和桶里红色豆子在所有豆子中所占比例相同，由此便可大致知道桶里红色豆子究竟有多少颗。如果样本规模够大，且选择得当，那么它在大多数情况下完全可以代表整体。否则，这种方法还不如高明的猜测来得精确，除了营造出一种所谓的科学精确性的虚假氛围，这种方法毫无可取之处。可悲的是，各种各样的结论就是从这些要么带有偏差，要么过于微小或二者兼而有之的样本中获得的，而我们却并不知道自己所读到的这些结论或自以为清楚的这些结论来自这样的样本。

有关耶鲁毕业生的收入报告就来自这样一个样本。我们之所以如此肯定是因为理智告诉我们，要联络到所有尚在人世的1924届毕业生根本不可能。多年之后，许多人的地址已经无从得知。

而且，就算知道了这些人的详细地址，他们也未必会答复调查问卷，尤其是这种关系到个人隐私的问题。就一些邮寄问卷而言，有 5% 或 10% 的回复率就已然很高了。耶鲁大学毕业生的收入调查问卷的回复率也许更高一些，但绝不可能高到百分之百。

因此，我们得出结论——该收入数据来自这样一个样本，即样本对象由既有明确地址又回复了问卷的毕业生成员组成。该样本具有代表性吗？也就是说，我们能否假定该样本群体成员的收入与那些联系不到或没有回复问卷的成员的收入处于相同水平？

在耶鲁毕业生名单中，谁是那些“地址不详”的迷途羔羊呢？是华尔街富商、公司董事、制造公司和公共事业部门的高管等这些高收入者吗？不，要想获知这些富人的地址并不难。即使有些巨商富贾早已忘了和校友办公室保持联系，我们仍可以在《美国名人录》（*Who's Who in America*）以及其他通信录中找到他们的地址。不妨这样猜测一下，那些失去联系的人在获得耶鲁大学学士学位之后的多年间，没有实现当初的抱负、功成名就。他们沦落成了普通的小职员、机械工、流浪汉、失业的酒鬼、勉强糊口的落魄作家和艺术家……在25 111美元的收入单上，这些人占据了一半甚至更多。他们不常参加同学聚会，因为他们连路费都没有。

哪些人将问卷丢进了废纸篓？我们对此不能确定，但至少能猜到这些人的工资还没有高到能拿出来炫耀的份儿上。他们有点像这样的人：第一次领薪水时，发现工资单上附了张小纸条，要求对自己的薪水保密，不要打探同事之间的薪水。“放心好了，”他们会对老板说，“我和您一样对这点儿薪水感到丢人。”

显然，这样的样本遗漏了最有可能拉低年收入平均值的两类群体。25 111美元这一数据本身就能说明问题。即使这是一个真实的数据，它也只代表1924届毕业生中有明确地址并愿意站出来公开自己收入的人的情况。即便如此，前提还得假设这些绅士们说的都是实话。

不要轻率地做出这样的假设。一类被叫作市场调查的抽样研究表明，我们几乎不能做这样的假设。以前有人曾做过一个旨在研究杂志读者群的挨家挨户的调查，其中有这样一个关键问题：你们家一般都看什么杂志？调查人员将调查结果制成表格并加以分析后发现：大多数人喜爱《哈珀斯》（*Harper's*）杂志，喜欢《真人真事》（*True Story*）杂志的人却不多。但当时出版商的数据却清楚地表明：《真人真事》的发行量高达数百万份之多，而《哈珀斯》的发行量只有几十万份。本次调查的设计者们自嘲道："也许是我们问错了人？"可事实并非如此，这些问卷覆盖了全美国范围内的各类社区。因此，唯一合理的解释就是许多调查对象在回答问题时并未说实话，这导致该调查所发布的数据有偏差。

最后，人们发现，如果想知道某些人喜欢看哪种杂志，直接问他们是没有用的。登门佯装收购废旧杂志反而会让你收获很多。接下来你要做的无非就是数清楚分别有多少本《耶鲁评论》(*Yale Reviews*)和《爱情故事》(*Love Romances*)。就算是这种颇令人感到怀疑的方法也无法令你得知人们究竟在读什么杂志，而只能告诉你他们曾经有什么杂志。

同样道理，下次若是你读到美国人（最近大家总是听到美国人怎么了，不过大部分内容并不可信）平均每天刷牙1.02次时（该数据是我刚编出来的，不过也许编得和其他数据一样逼真）问自己一个问题：人们怎么可能算得这么精确？如果某位女士通过无数广告宣传得知不刷牙有违社交礼仪，那她还会向陌生人坦陈自己有时并不按时刷牙吗？对那些只想知道人们对刷牙有何看法的人而言，这个统计数据也许才有意义，但在反映人们刷牙的频率问题上，该数据并没多大作用。

我们知道，一条河流永远不会高过其源头。但如果在某个地方藏有一个水电站，这似乎可以做到。同理，抽样调查的结果不会比它所基于的样本本身更好。当经过层层统计操作，数据被过滤成一个小数点后几位的平均数时，该结果就会令人们坚信。但是，如果对其抽样过程做进一步分析，也许会打破常理。

在早期，癌症能否被治愈？也许可以。但通常使用的据说最能证明这一点的数据其实并不能证明这一点。康涅狄格州肿瘤研究所挂号处那些数据记录可一直追溯到1935年，这些数据似乎显示，从1935年到1941年间，癌症术后5年的存活率大幅提高。其实，这些数据记录从1941年才开始采集，在此之前的所有数据都是追查所得。许多病人早已离开了康涅狄格州，他们是否尚在人世不得而知。按照医学记者莱昂纳德·恩格尔（Leonard Engel）的说法，由此而导致的偏差足以解释术后存活率为何会出现大幅提高的背后原因。

为了更具价值，一份基于样本的报告必须使用一个具备代表性的样本，该样本必须排除产生偏差的任何可能性。这正是耶鲁大学毕业生调查数据不具价值的原因，也是许多报纸和杂志内容缺乏实质意义的原因。

一位心理医生曾写报告说，其实每个人都是神经质的。抛开使用“神经质”一词会破坏该词所具有的意义不谈，先看看这位医生的样本吧。也就是说，这位心理医生的观察对象都是哪些人？原来，这一富有“启发性”的结论是他观察自己的病人得来，这些病人与普通人样本有着天壤之别。如果一个人精神正常，我们的这位医生根本就见不到他。

以这种方式再仔细看看你所读到的东西，你就可以避免相信许多似是而非的东西。

还要记住：导致偏差的显性原因和隐性原因都有可能轻易摧毁一个样本的可靠性。也就是说，即使找不到明显的偏差来源，但只要在某处可能存在偏差，你就要对结果保持一定的怀疑。事实上偏差总会有原因。如果你对此还心存疑虑，那么 1948 年和 1952 年的总统大选便足以证明这一点。

证据可追溯至 1936 年《文学摘要》（*Literary Digest*）对当年总统大选预测失败的事例。曾经精确预测出 1932 年大选结果的一千万电话用户和《文学摘要》的订阅者们令倒霉的杂志编辑相信兰登（Landon）将获得 370 票，罗斯福（Roosevelt）只有 161 票。经过了如此检验的调查群体怎么会有偏差呢？然而偏差确实存在。一些大学论文和其他事后调查发现：在 1936 年有钱用电话和订杂志的人并不具有代表性。从经济角度来看，他们是一类特殊人群。该样本之所以带有偏差是因为事实最后证明，该样本对象都是共和党选民。样本显示兰登会胜出，但其他选民却选择了罗斯福。

基本样本就是所谓的“随机”样本，是从“整体”中随机抽取出来的，统计学家们所说的“整体”是指以样本作为其组成部分的整体：从一沓索引卡中抽取每张卡上的第 10 项；从一堆纸中随意抽取 50 张；对市场上碰见的第 20 个人进行采访调查。（但要记住，最后一例并非一个世界人口样本，也不是美国或者旧金山地区的人口样本，只是当时市场上的一个人口样本。一位民意调查员说她是在火车站获取调查对象的，因为“火车站什么人都有”。这里需要向她指出的是，带有小孩的母亲，也许并不具有充分代表性。）

检验随机样本的方式是：在一个总体中，每个人或每件事被抽样的概率是相等的。

纯随机抽样是唯一可以充分自信地用统计学理论进行检验的方法，但这里也有一个问题：该方法获取样本的难度大、费用高、使用范围小，仅成本一项都难以负担。一个更为经济划算的替代方法是分层随机抽样法，该方法在民意测验和市场调研等领域被普遍采用。

要获取这种分层样本，需要将总体分为若干部分，每一部分与其普遍性程度要成比例。这时麻烦就出现了：你得到的分组比例信息未必正确。你会指示调查员们务必要调查采访足够多的黑人，在多个收入选项中，要保证接受每一项调查的人员的比例符合要求，还要采访调查一定数量的农民等。同时，还要确保每一组中 40 岁以上和 40 岁以下的人数相等。

这听起来不错，但结果如何？在黑人或白人的问题上，调查员倒通常不会轻易出错。但在按收入分组时，可能问题较多。就拿农民来说，对于一个平时在城里上班，闲暇时去农场干活的人，他算不算农民？即使在年龄问题上也有一大堆麻烦——简单的做法是选择明显小于 40 岁或大于 40 岁的人作为调查对象。但这种样本也有偏差，因为其中缺少将满 40 岁和刚过 40 岁的群体。这样一来，你就很难达到既定目标。

最重要的是，你如何在分层内部获取随机样本呢？最简单的做法是列出所有人的姓名，然后从中随机抽取若干，但这样做成本太大。如果你改为上街做随机调查，就会因遗漏了宅男宅女而产生偏差；如果你挨家挨户做上门调查，就会遗漏大多数白天上班的人；如果你转而改为晚上做调查，还是会遗漏晚上在电影院和夜总会的人。

民意调查最终都会演变成一场反对偏差来源的持久战。所有信誉良好的民意测验机构都在进行着这场战争。但阅读调查报告的读者应谨记：这种战争没有绝对的赢家。如果你看到类似于“67% 的美国人都反对……”的报道时，不要急着下结论，而是应当仔细想想，哪些美国人中的 67%？

艾尔弗雷德·查尔斯·金西（Alfred C. Kinsey）博士的《女性卷》（*Female Volume*）也是如此，与其他基于抽样调查而得出的结论一样，其问题在于怎样去读它（或是它的通俗版本）才能避免了解到过多不必要的东西。这本书至少涉及了三个层次的抽样。金西博士从全部女性中抽出的样本（第一层次的抽样）远非随机样本，因此并不具备很好的代表性；但是与该领域之前的研究相比，这个样本数目庞大，其程度刚好足以揭示一些问题。更重要的是，任何一个调查问卷都只是各种可能问题的一个样本（第二层次的抽样），而女士给出的答案仅仅是她们对每一个问题的态度和经验的样本（第三层次的抽样）。

调查人员的构成往往会以一种微妙的方式影响到调查结果。第二次世界大战期间，美国国家民意研究中心（The National Opinion Research Center）派出了两组调查员，一组由白人构成，另一组由黑人构成，对南方一个城市中的500个黑人进行三个问题的调查。

第一个问题是："如果日本战胜美国，黑人在美国的待遇会得到改善还是会变得更糟？"黑人调查组的结果显示他们的调查对象中9%的人认为是"得到改善"，而白人调查组的调查结果显示只有2%的人这样认为。黑人调查组的结果中有25%的人认为黑人的待遇会更加糟糕，而白人调查组的结果则是45%。

第二个问题是将第一个问题中的"日本"替换成"纳粹"，对这一问题调查所得结果和第一个问题的调查结果相近。

第三个问题旨在探求被调查者对前两个问题的真实态度。"打败轴心国与改进国内的民主制度二者相比，您认为哪个更重要？"黑人调查组得出的结果是39%的人支持"打败轴心国"，而白人调查组的结果则是62%。

这就是受未知因素影响而导致的偏差。可能最有影响力的因素是在民意调查时，人们普遍都有一种说好话的倾向，这种倾向在阅读民意调查时往往应该被考虑进来。在战时回答一个暗含对国家是否忠诚的问题时，南方黑人对白人的回答都是一些冠冕堂皇的话，而不是他们内心的真实想法，这不是很正常吗？此外，不同的调查员可能会选择不同的群体进行调查，也可能是造成偏差的原因。

在任何情况下，调查结果都明显带有一定的偏差，因此这些调查毫无价值。你自己可以判断一下有多少民意调查的结论是带有偏差且毫无价值的，但是却没有什么有效的办法能避免。

一般而言，民意调查都会带有特定方向的偏差。如果你对这些民意调查的结果有所质疑，你可以收集有力证据来证明，比如《文学摘要》的方向错误。《文学摘要》的错误在于它选择了与普通人相比生活更为宽裕、受过良好教育、消息灵通、警惕性高、着装雅致、行为保守且爱好较为固定的群体作为调查对象。

我不妨举个例子，这样你就能看出这样的偏差会产生怎样的结果。假设你是一位被分派到街道某个角落的调查员，你发现了两个符合调查对象条件的人：年逾40岁且居于城市，其中一人衣着整洁、文质彬彬，另一位却邋遢粗暴。为了完成你的任务，你自然而然会走向那个外表博人好感的家伙，而你遍布全美国的同事也会做出同样的选择。

在自由人士和左翼团体中有不少人强烈反对民意调查，他们普遍认为这种调查都是人为操纵的。之所以会产生这种看法，是因为民意调查的结果往往不符合保守之人的观点和意愿。以1936年总统选举的民意调查为例，他们指出调查结果显示的是共和党人会当选，然而不久之后选民们却做出了完全相反的选择。

事实正如我们所见，完全没有必要操纵一场民意调查，也不用为了制造一种假象而刻意扭曲调查结果。如果样本的偏差与期望的结果一致，就能达到自动操纵的效果。

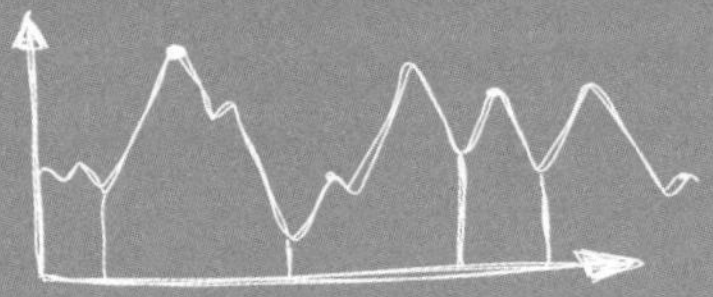

How to Lie with Statistics

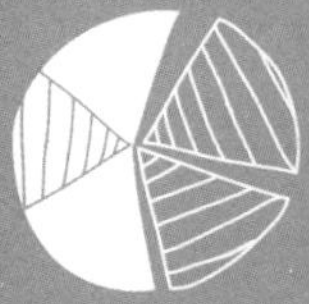

第二章

精挑细选的平均数

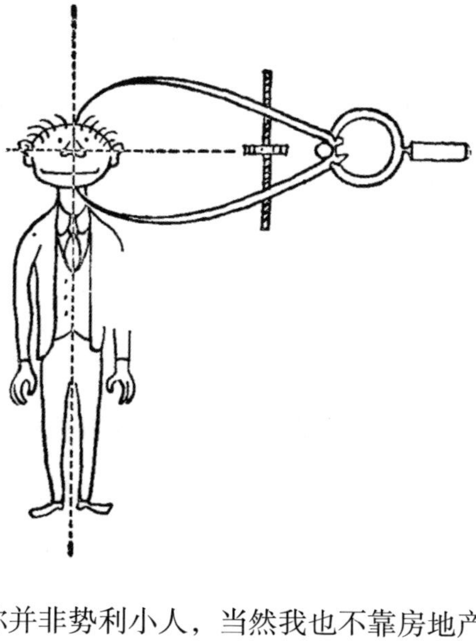

我相信你并非势利小人，当然我也不靠房地产来赚钱。但现在假设你是个势利的人，我是个卖房的。我住在离加利福尼亚山谷不远的一条路上，而此时你正在这条路上想买房子。

为了促成这笔生意，我煞费苦心地告诉你这片街区里住户的平均收入为每年15 000美元，也许就是因为这个原因让你想要住到这里。无论如何，你最终买下了一套房子，而且你对这个漂亮的数字记忆深刻。既然我们刚才假设你是个势利的人，那么当你把新地址告诉你的朋友们时，你多半会顺便对此大加吹嘘。

过了一年左右，我们再次遇见。我是某个纳税人委员会的成员，正在向政府请求降低税率，或是降低财产估值，或是降低公交车费。我的理由是这些费用的上涨让百姓承受不起，毕竟这一带住户的平均收入仅为每年3 500美元。也许你会支持我和我的委员会——再假设你不但是个势利的人，而且还是个铁公鸡——但是，当你听到这个微不足道的3 500美元时，你不禁大吃一惊。到底是我此刻在说谎，还是去年就已经说了谎？

无论什么时候你都不能怪我不说实话。这就是利用统计学撒谎的奥妙所在。这两个数据都是合情合理的平均数。它们都代表了相同的数据、相同的群体以及相同的收入。虽然其中至少有一个明显是在误导人，甚至就是一个不折不扣的弥天大谎！

我的诀窍在于每次使用了不同种类的平均数。“平均数”一词的定义其实非常广泛。对于那些想要影响公众意见或是推销广告版面的人来说，这是他们经常使用的伎俩。有时这种手段是无心的，但更多的时候是明知故犯。当有人告诉你一个平均数时，你对此还知之甚少，除非你能发现他所说的到底是哪一种平均数——均值、中位数还是众数？

当我需要较大数据时我就使用15 000美元，这是该街区所有家庭年收入的算术平均数，将所有家庭年收入相加并除以家庭个数就会得到这个均值。而3 500美元这个较小的数据则是一个中位数，它表示这些家庭中有一半的年收入超过3 500美元，另一半则低于3 500美元。或者我会使用众数，这是一组数据中出现次数最多的数值。如果这一街区年收入为5 000美元的家庭数量多于其他收入的家庭数量，那么5 000美元就是这个街区年收入的众数。

因此在这个案例中，未加限定的平均数其实是毫无意义的，然而一般与收入挂钩的数据多半如此。此外，还有一个原因致使情况更为复杂，就是所有平均数含有的信息非常接近，如果只是随便用用而已，区分它们倒是不太重要。

如果你读到某地某个群体中男性平均身高仅为5英尺（约1.52米），你就会对这个地方的人的身高有一个大致印象。你不用问这个平均数是均值、中位数还是众数，事实证明它们都差不多。（当然如果你从事与这些人相关的制造业，你就需要更多详细信息，而不是这些随处可见的平均数。这与范围和偏差有关，我们将在下一章详细探讨。）

在处理数据时，例如研究与人体特点相关的数据，不同平均数的取值会非常接近，具备“正态分布”的特点。如果画一张曲线图来代表正态分布，那么画出的图形就像一口大钟，图中均值、中位数、众数都落在同一点上。

因此，要描述男性平均身高，用这三个平均数中的任何一个都可以。但你要描述这些男性的经济状况，情况可就大不相同了。如果要你列出某个城市中所有家庭的平均年收入，你也许会发现他们的年收入从几百、几千到50 000美元不等。极少数的家庭年收入很高，而95%的家庭年收入则低于10 000美元。将10 000美元这个数据放在曲线图的左侧，这时曲线图的形状并不是像一口大钟那样对称，而是有点倾斜，看起来有点像儿童用的滑梯。梯子陡直地突起到一个顶点，滑道则缓缓接近地面。这时均值和中位数相差甚远。在这种对比下，你就会明白为何一年的平均数（均值）和另外一年的平均数（中位数）的差别竟会如此之大。

在我卖给你房子的街区，这两个平均数的差别就非常大，因为曲线图上分布明显倾斜。假设你的邻居都是小农场主、在附近村庄干活拿工资的人，还有依靠养老金生活的退休老人，但是有三户邻居是在这里度周末的百万富翁，他们一下就能拉高这个街区的总年收入，因此平均年收入的算术平均数就变得很大，形成了一个年收入很高的“假数据”。但事实上，这个街区每家每户的年收入都远远低于这个数据。所以，这种假数据只是个玩笑或是一种修辞而已：几乎所有住户的年收入都低于这个平均数。

如果你看到某位公司经理或者老板宣称公司员工的平均收入很高时，你就知道这个数据也许能说明一些问题，也许不能，这就是原因所在。如果这个平均数是中位数，你就能

从中得知一些重要信息：一半的员工收入比这高；另一半的员工收入比这低。但如果这个平均数是均值的话（请相信我，如果没有特别限定平均数的性质，一般指的就是均值），你就会再清楚不过：说是45 000美元的平均年收入，其实主要都是老板的，员工们的工资非常低。“5 700美元的平均年收入”隐含了两条信息：每年仅为2 000美元的员工低收入，还有老板以巨额薪水的形式抽走的利润。

让我们再仔细研究一下这个数据。第28页的图表示各个阶层的收入情况。老板可能会通过使用那个欺骗性的均值，把情况描述成“平均年收入为5 700美元”。但是，众数却更能说明问题：这家公司大多数人的年收入为2 000美元。当然，中位数比其他任何一个数据都能揭示更多：一半的人年收入高于3 000美元，另一半则低于3 000美元。

许多公司的公告中都藏有一个高明的骗局，所以往往是表面情况越好，事实真相越糟。我们不妨用个简单的方法来证明。

假设你与另外两个合伙人经营一家小型制造业工厂，年底算来收入颇丰。你支出了198 000美元用于90位员工的工资。他们制造并装运椅子，或任何你公司生产的产品。你们三位老板的年薪为每人11 000美元。这时你们发现今年还有45 000美元的利润可以平分。那么，对此你会怎样描述？为了表达得清楚明白，你采用了平均数的办法。由于所有的员工都做的是相同的工作，拿的工资也差不多，所以你是用均值还是中位数并无多大差别。下面是你计算得出的结果：

员工的年平均工资：2 200美元

老板的年平均薪水和利润：26 000美元

这真是天壤之别，对不对？那就换个说法。

从利润中抽出30 000美元，把它当作奖金分给三位老板。这次计算的是工资的平均水平，其中包括你和你的合伙人。注意，这次一定要使用均值。

所有人的年平均工资（或薪水）：2 806.45美元

老板的年平均利润：5 000美元

哈！这看起来好多了。虽然还能弄得更好看，但这也很不错了。工资和利润的总和中，利润所占的比例不到6%，如果愿意的话，你还可以继续做这种数字游戏，看看你会不会更喜欢。总之，现在你得到了可以公开的数据，把它贴在公告栏上吧，或者在和工人交涉的时候用它。

因为经过简化，这个例子非常粗糙，但是与打着会计名义所做的那些事相比，这根本算不了什么。如果放在一个大型公司里，雇员包括从打字员到年终奖几十万美元的董事，所有的事实都可以以这种方式被掩盖起来。

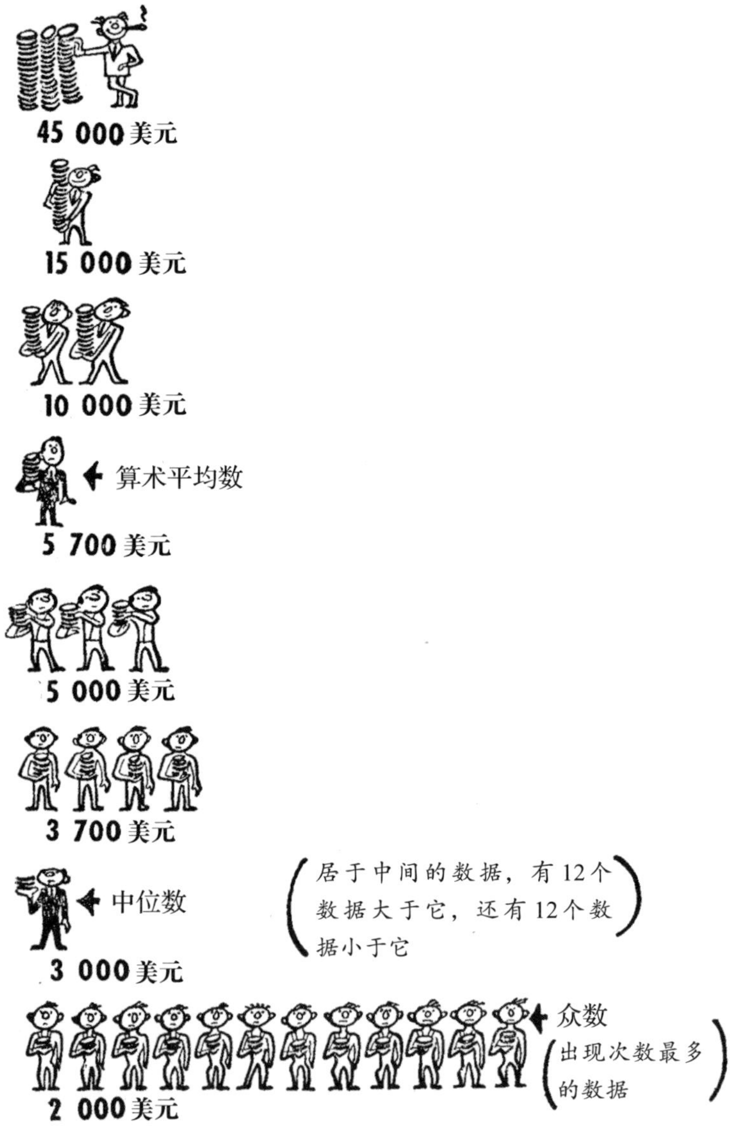
45 000美元
15 000美元
10 000美元
算术平均数
5 700美元
5 000美元
3 700美元
中位数
（居于中间的数据，有12个数据大于它，还有12个数据小于它）
3 000美元
众数
（出现次数最多的数据）
2 000美元

所以当你看见平均工资时，首先要问问：是什么样的平均工资，包括哪些？美国钢铁公司（The United States Steel Corporation）曾披露，从1940年到1948年间，其雇员的周工资增长了107%。的确如此，但当你注意到1940年该公司的雇员包括了一大批兼职员工时，你就能发现这个奇妙的增长没那么吸引人了。如果你第一年只做兼职，第二年却做全职，你的收入将会翻一番。但这并不能表明你的工资率增长了。

也许你曾在报纸上读到，1949年美国家庭的平均年收入为3 100美元。除非你知道这个所谓的“家庭”指的是什么，而且你也知道用的是哪一种平均数（包括谁说的？他是怎样得知的？这个数据有多精确？），否则，这个数据就根本说明不了什么问题。

3 100美元这个数据恰好来自美国人口普查局（The Bureau of the Census）。如果你有这份报告，你就不难找到所需要的其他信息：这个数据是一个中位数；“家庭”指的是两个或两个以上具有亲属关系的人居住在一起。（如果独居的人也算是家庭，那么中位数就会降至2 700美元，这可大不相同。）如果你回过头再看看报告中的图表，你会发现这个数据是基于抽样调查得出，该抽样调查以19/20的概率保证真实数据落在3 107 ± 59美元的范围内。再对3 107美元取整数后得到3 100美元。

这个概率和偏差一同构成了一个非常漂亮的估计值。普查局的人有足够的技术和资金来进行抽样调查，从而得出如此精确的结果。他们也许没有什么私心。但并不是你看见的所有数据都出自如此良好的环境，也不是所有的数据都附有能证明它们精确与否的详细信息。关于这一点我们将在下一章详细探讨。

同时，你也许会对《时代》杂志上“编者的话”中的一些项目有所质疑。他们这样描述新的订阅者：“平均年龄（中位数）为34岁，家庭平均年收入为7 270美元……”更早时候，《时代》杂志的调查发现“平均年龄（中位数）为41岁，家庭平均年收入为9 535美元……”问题自然而然就来了：为什么两次说年龄都是中位数，却没有限定平均年收入是哪一种平均数呢？也许这里使用的是均值，这样就可以通过更高收入的读者群来吸引广告商。

你也可以对第一章开头提到的所谓“1924届耶鲁毕业生的高收入”考究一番，他们究竟用的是哪一种平均数？

How to Lie with Statistics

第三章

没有透露的小小数据

报纸上大字标题历历在目：用户反映，使用多克斯牙膏后蛀牙减少了 23%！你也不想遭受这 23% 的痛苦，所以你继续往下读。接着你发现，这个结论来自某个“独立”实验室，并且还附有注册会计师的证明。你还有什么不放心的吗？

但显而易见，你不是一个容易上当受骗的人，也并非过于乐观，你的经验告诉你——某种牙膏不会比其他牙膏好很多。那么，多克斯公司的人是怎么得出这个结论的？他们明目张胆地说谎并且还能得逞吗？不，他们不必说谎，还有更简单、更有效的方法。

这个例子中主要的技巧在于使用了有限的样本——也就是说数据不够充分，但对多克斯公司的人来说却是恰到好处。如果你看见小字印刷的部分，你会发现参加测试的用户仅有12人。（你还得感谢多克斯公司给了你这个冒险的机会。有些广告商会直接略去这些信息，就连最资深的统计学家也猜不透他们到底使用的是哪种诡计。多克斯公司使用的12人样本还不算太糟。几年前，市场上出现过一种“科尼斯博士”牌的牙粉，该产品声称“在治疗龋齿方面效果显著”。该产品中含有尿素，实验证明尿素对治疗龋齿的确有效。但是，这个实验的结果先入为主，而且只做了6个个案测试，这使得整个实验成了一个无稽之谈。）

但是让我们回过头看看，多克斯公司如何轻而易举地就做出了一个毫无破绽的大字标题，还附有权威证明。让一个小组的人数清自己的蛀牙数量，然后坚持在6个月内使用多克斯牙膏，这必然会出现下列三种情况的其中之一：蛀牙明显增多、明显减少和没有变化。如果得出第一种或第三种结果，多克斯公司就要把这个数据归档（放到看不见的某个地方），然后接着实验。在机缘巧合之下，他们迟早都会得出一个重大成果，这个成果值得登报，甚至用整版广告刊出。无论测试者使用的是多克斯牙膏或是小苏打，哪怕用的还是他们以前的洁牙剂，都会出现这个结果。

使用规模较小的实验小组的关键意义在于：如果实验组的规模过大，那么碰巧之下产生的结果会是微不足道的，甚至不值得用大字标题刊出。试想一个只减少了 2% 蛀牙的牙膏销量能有多好？

在样本规模很小的情况下，怎样才能在巧合之下得出一个说明不了任何问题的结果？你可以亲自动手做一个花费无几的小实验来验证一下。抛出一个硬币，有几次它落地时会头像朝上？大家都知道，这个概率当然是 50%。

那么，让我们来检验一下。刚才我抛了 10次硬币，其中有 8次头像朝上，这证明了抛硬币时头像朝上的可能性会有 80%。好吧，牙膏的统计数据也是如此。现在，你自己试试。你也许会得到一个一半对一半的结果，也许你不会；你的结果很可能像我的一样，远非一半对一半这么简单。但如果你有足够耐心能抛上 1 000次硬币，你多半（尽管不一定）就能得出一个非常接近 50% 的结果——这个结果才是最真实的概率。只有试验的样本数目足够庞大时，平均数定律才会是一个有用的描述或猜测。

真实测试（一次试验）

四种可能

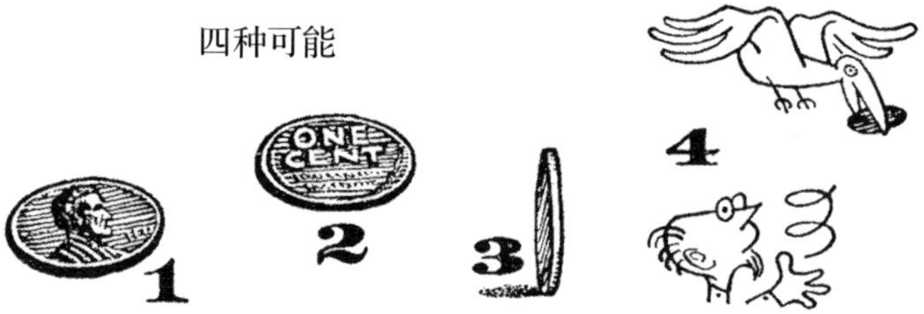

那么，多少样本就够了呢？这个问题很微妙。这取决于你抽样研究的样本人数和种类。而且有时，样本中单位的数量看上去已经很多，但实际却不足。

这有一个很好的例子来证明这个结论，这个例子与几年前的小儿麻痹疫苗试验有关。这个试验的规模非常大，几乎与医学实验的规模相当：一个地区的 450 名儿童注射了小儿麻痹疫苗，另有 680 名儿童作为对照没有接受注射。不久之后，该地区出现了传染病。注射过疫苗的儿童中没有一个患上小儿麻痹症。

但是，对照组中也没有儿童患病。在设立这个实验项目时，实验者忽视或者假装不知道一个事实——小儿麻痹症的发病率很低。在一般情况下，这么大规模的群体中只可能出现两例患病者。因此，从一开始这个实验就注定毫无意义。如果想获得任何有意义的结论，实验组需要用比这个群体多15~20倍的儿童做样本。

许许多多转瞬即逝的医学发现都是这样产生的。正如一位医师所说："赶紧使用新的方法，要不就迟了。"

这种情况并非医学界独有。由于受到的公众压力过大且新闻报道过于草率，医学治疗经常未经证实就被报道，尤其是在公众需求很大而且数据背景模糊不清时。曾一度非常流行的流感疫苗和最近的抗组胺剂便是如此。许多无法治本的

“治疗措施”很快就被广泛使用，但事实上，他们连疾病的原理都还没弄清楚，也缺乏一定的逻辑。其实，如果时间足够，一场感冒自己就会痊愈。

你要怎样做才能不被毫无意义的结论愚弄？难道每个人都必须成为统计学家，亲自分析数据吗？没那么糟糕，这有一种简单易懂的显著性检验方法。这种方法能够证明一个实验数据在很大程度上代表的是真实的结果，而非机缘巧合之下得出的。这就是要看看没有被透露的小小数据——假设你是个外行，不懂其中的奥秘，但如果你对这一数据能有所留意，你就能看穿这种别有用心的手段。

如果你的信息来源能将显著性水平告知与你，你就会更清楚自己的立场。这个显著性水平就是我们最常说的“概率”。好比人口普查局会告诉你，他们以 19/20 的概率保证数据是非常准确的。对于大多数用途而言，5% 的显著性水平已经足够。而对于某些用途而言则需要 1% 的显著性水平，因为这意味着 99% 的概率证明了一个显著的差异或诸如此类的东西是真实的。有时，我们将类似这样的东西描述为“十拿九稳”。

此外，还有一种没有被透露的数据，缺了它也会影响数据的准确性。这个数据能根据已给出的平均数告知我们误差的范围。一般情况下，不管是均值还是中位数，明确限定还是未限定的平均数都会过分简化事实，这比毫无意义还要糟糕。对某事一无所知往往要好过知道错误信息，只知道个皮毛也许会十分危险。

比如在美国，有太多住房被规划为“适宜平均人口为 3.6 人的一般家庭居住”。事实上，这就意味着有 3 人或 4 人的家庭需要两间卧室。尽管声称是“一般家庭”，但实际上这种规模的家庭只占少数。“我们按照一般情况建造住房。”建筑商们这样说。其实，他们忽视了比这规模更大或更小的多数情况。结果在有些地区，带有两间卧室的房屋建造过多，而更大或更小的房子却建造太少。因此，这种误导人的不完整数据会导致严重的后果。对此，美国公共卫生协会（The American Public Health Association）表示：“如果透过算数平均数来看实情，我们就会发现 3 人家庭或 4 人家庭总共占全美国家庭的 45%，而 1 人家庭和 2 人家庭占 35%，4 人以上家庭则占 20%。”

强求一致的统计

在精确到令人信服的权威数据 3.6 面前，常识在某种程度上却缺失了。这个 3.6 竟然战胜了人们从观察中都能得出的事实（许多家庭规模很小，还有一部分家庭规模很大）。

在所谓的“格塞尔标准”（Gesell’s Norms）中，也有这种被遗漏的小小数据，它以相同的方式给父母们造成了痛苦。如果让父母在某份报纸的某部分看到“小孩在几个月时应当学会坐直”，他们马上就会对比自己的孩子。假如孩子没有在特定年龄坐起来，父母就会认为自己的孩子“智力迟钝”“低智能”，或是产生类似的令人烦恼的想法。因为一半的孩子注定在这个年龄坐不直，这一半孩子的父母就很不高兴。当然，从数学的角度来看，另外一半孩子的父母会欣喜地发现他们的孩子“比较聪明”，这样高兴与不高兴的人数就扯平了。但是，假如不高兴的父母们以此来强迫自己的孩子遵从这个“标准”，这就会产生极其不良的影响。

阿诺德·格塞尔（Arnold Gesell）博士以及他的方法并没有反映出所有情况。问题就出在信息过滤的过程中，从研究者开始，再由作者进行各种耸人听闻或消息不完全的描述，最后读者就很难发现这个过程中遗失的数据。如果“正常”和平均数都能标注上一个范围，那么就能避免许多不必要的误会。例如，父母们看到孩子达到了正常范围，他们就不会再为细微且没有意义的差异而烦恼。其实，几乎没有任何人能在任何方面达到绝对标准，就好比抛100次硬币，要得出50次正面和50次反面的结果几乎是不可能的。

搞不清“正常的”和“理想的”会让事情变得更糟。格塞尔博士只是陈述了一些观察所得的事实，而有些父母在读过书籍和文章后，就武断地认为如果孩子迟一天或一个月学会走路，那就一定是发育迟缓。

艾尔弗雷德·金西博士的知名报告（也许没多少人读过）遭到很多人愚蠢的批判，因为人们普遍认为正常就等同于良好、正确以及令人满意。金西博士被指责腐化青年，因为他给他们灌输的“发生性行为是正常”的观念，这些观念虽然普遍存在但却不为世俗所容。但金西博士说他只是发现这些行为普遍存在，也就是“正常”的，他并没有盖上任何表示“赞成”的印章。而这些观念是否下流猥琐，金西博士认为这并不在他的研究范畴之内。因此，只能说他碰上了一个令许多观察家苦恼的问题：如果在谈论某个饱含情绪信息的问题时，不尽快表明自己的立场是非常危险的。

没被透露的小小数据之所以带有欺骗性，是因为人们经常意识不到它的缺失，当然这也是成功的秘诀所在。正如当时的新闻批评家们所哀叹的那样，以前那种旧式的跑新闻精神已不复存在，他们严厉指责当时的新闻工作者为“窝在椅子里的华盛顿记者”。这些记者就靠着抄写没有任何批判精神的政府材料混日子。《双周》（*Fortnight*）杂志上的“工业新发展”专栏就是一个毫无进取心的典型例子，专栏曾报道“美国西屋公司研制出一种能使钢材的硬度增加两倍的全新钢材冷却法”。

这听起来倒像是“新发展”，除非你能明白这到底是什么，因为这就像个水银球一样难以捉摸。这种全新的冷却方法能使任何一种钢材的硬度都增加两倍吗？还是它生产出的钢材硬度是以前的三倍？或者它生产了什么？似乎报道的人只是传达了一些信息，他们也没有弄明白这到底是什么意思。记者也希望读者们只是不假思索地阅读，以此制造一种读者了解了某些东西的愉快幻觉。这就像是很久前教室里授课的老式做法：老师把课本上的内容转移到学生的笔记本上，而全程学生却不曾思考。

刚才在查找《时代》杂志上有关金西博士的有关报道时，我偶然发现了一些多看几眼就会露馅儿的东西。这是一家电力公司在1948年打出的广告：“现在，美国四分之三以上的农场都通了电……”这听起来真是棒极了！这些电力公司真是尽职尽责。当然，如果你是个挑剔的家伙，你也可以将其理解为“现在，美国还有将近四分之一的农场没有通电”。但是，这句话里真正要的花招是在“通了”这个词上，这样电力公司就可以怎么好听怎么说。显然，这并不代表所有的农场实际上都有电，要不广告就绝对不会这么说，它只是用“通了”这个词。但据我所知，这仅仅意味着电缆经过了农场，或离农场不到10英里（约16千米）或100英里（约161千米）。

《统计数据会说谎》一书在全球的销路

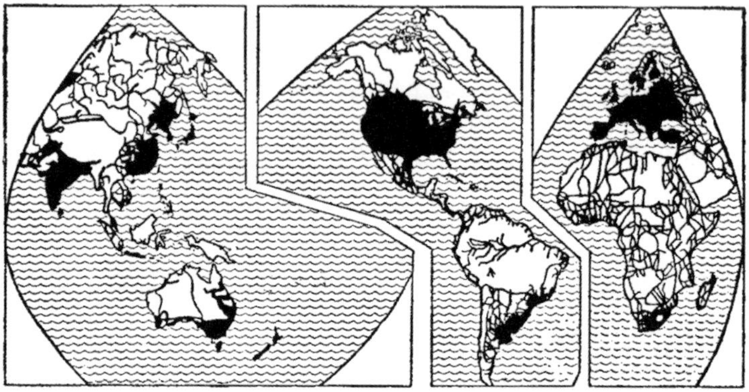

涂黑部分距铁路、公路、港口以及可通航航道的距离不超过 25 英里（约 40 千米）（狗拉雪橇未包括在内）

我再举个例子：1952年发表在《科利尔》（*Collier's*）杂志上一篇文章的标题——《现在就能知道你的孩子会长多高》（"You Can Tell Now How Tall Your Child Will Grow"）。文章附了两张很显眼的图表，一张是男孩的，一张是女孩的，上面画的都是孩子在每个年龄阶段最高身高可能性的百分比。"想要得知你的孩子成年后的身高，"图表的解说词写到，"查查图表中目前的身高即可。"

滑稽的是，如果你接着读下去，你会发现这篇文章自己就将图表的致命弱点告诉了你。并非所有孩子的成长过程都是一模一样的。有些孩子开始发育迟缓，后来才赶了上去；有些孩子一开始长得很快，后来长得比较缓慢；还有些孩子相对匀速地长高。正如你猜测的那样，这张图表也是经过大量测量之后得出的平均数。对所有人或者一般人而言，随机抽取的100个孩子的身高无疑足够准确，但对父母而言，他们只关心自己的孩子在某时的身高，因此这样一个图表实际上毫无可取之处。如果你想知道自己的孩子会长多高，你不妨看看孩子的父母及祖父母的身高，或许这样做出的猜测更加靠谱。这个方法虽与那张图表一样不科学、不精细，但其准确性至少有保障。

这里我很高兴地指出，我14岁参加高中军训时站在最低年级的最后一排，按照那个图表和我记录的身高推测，我最高能长到5英尺8英寸（约173厘米），但现在我的身高是5英尺11英寸（约180厘米）。就人体身高而言，3英寸（约7厘米）的误差应当足以说明这个推测是有多不靠谱。

放在我面前的是两盒葡萄果仁麦片的包装纸。正如说明上所写，两个版本稍有不同：一个引用了双枪皮特（Two-Gun Pete）的话，另一个写着“如果你想像哈比（Hoppy）那样，你就得像他那样吃”。两个版本都附有图表（“科学家证明这是真的！”）来说明这些麦片“两分钟之内就能提供能量”。一个版本上的图表被一堆感叹号包围，旁边标有上升的数据；另一个版本却省略了这些数据。这两张图表都差不多，因为它们都没有说明这些数据代表了什么。两张图表都画了一条急剧攀升的红线（代表“能量释放”），但是其中之一始于食用麦片一分钟之后，另一个则始于两分钟之后。第二条线攀升的速度是第一条的两倍，这证明即使是绘图者也认为这些图表说明不了什么问题。

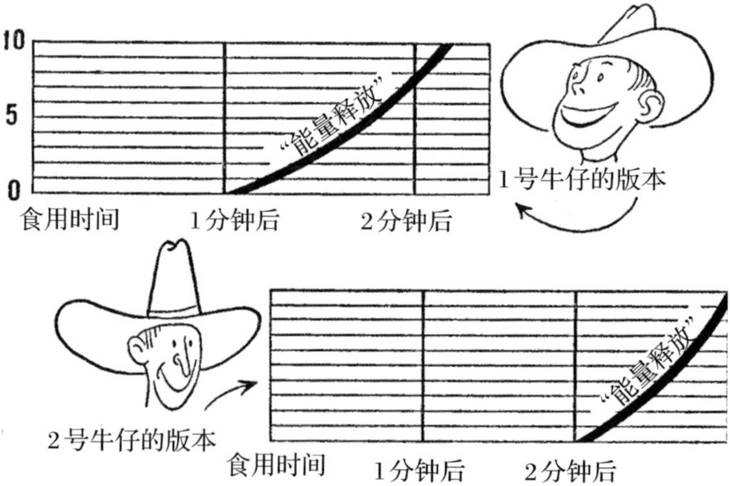

当然，此类愚蠢的说明只是给小孩子或他们睡眼惺忪的父母设计的。没有人会用统计废话去侮辱一个商界精英的智商，谁会呢？《财富》（*Fortune*）杂志上有一个特殊的专栏，上面是一个广告代理商的宣传图表。这张图表上的线条表示这家广告代理商年复一年的骄人业绩。图上并没有数据，这样的话这张图既可以表示巨额增长，比如业务翻了一番，或是年营业额增加了数百万美元；也可以表示每年只增加了一两美元的原地踏步状态。不过就图表本身而言，其发展速度还是让人感到非常震撼。

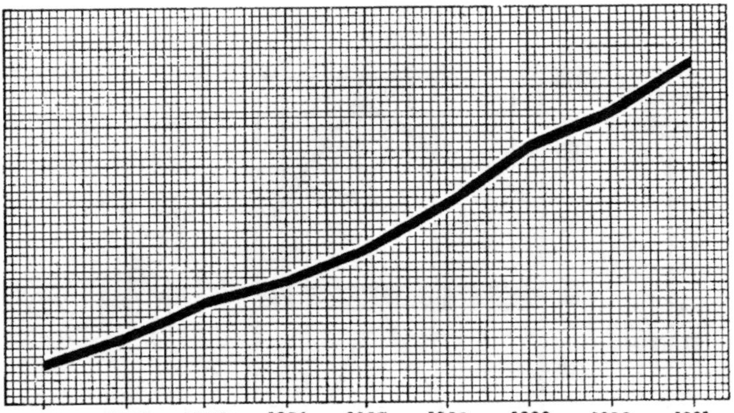

在没有重要数据的情况下，千万不要轻易相信一个平均数、一张图表或一条趋势线。否则，你就会像一个只凭平均气温选择露营地的人一样盲目。也许你会认为 61 华氏度（约

16.11摄氏度）的年均气温非常舒适宜人，在加利福尼亚州，你就选择了内陆荒漠或南方沿海的圣·尼古拉斯岛。但是你忽略了温差，因此你不是会被暴晒，就是会受冻。圣·尼古拉斯岛的温差是47~87华氏度（约8~31摄氏度），而荒漠的温差是15~104华氏度（约–9~40摄氏度）。

俄克拉何马城曾宣称近六十年来，该市的平均温度基本相似——60.2华氏度（约16摄氏度）。但是你可以从下图看出，这个凉爽宜人的温度后面隐藏的可是足足130华氏度（约54摄氏度）的温差。

俄克拉何马城气温记录
（1890—1952）

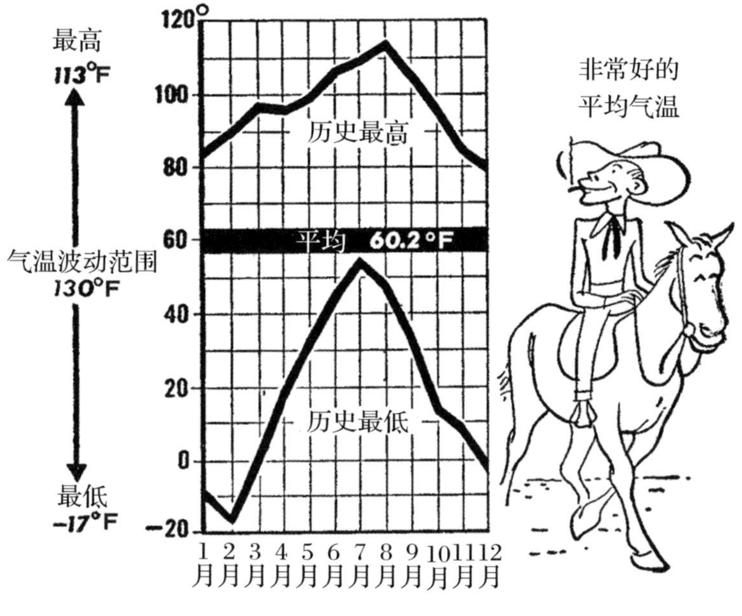

How to Lie with Statistics

第四章

无事瞎忙

如果你不介意，让我们假设你有两个孩子，彼得和琳达（我们还可以给他们起个更时髦的名字）。他们像许多上学的孩子一样，参加了智力测验。现在有很多人都盲目崇拜着各种各样的智力测验，所以为了找出测验结果，也许你免不了得做很多测试题。这种高深莫测的信息一般只有心理学家和教育家才能了解。反正最后你得知彼得的智商为98，琳达为101。而且你也知道，智力测验的平均水平指数为100，也就是一般所说的“正常水平”指数。

啊哈！琳达比较聪明，她的智商高于平均水平，彼得就不及平均水平。但是不妨让我们仔细想想这件事情。

所有类似的结论绝对是瞎扯！

为了避免产生误会，我们首先要明确的是，无论智力测验都包含什么内容，它绝对和我们平时所说的“智力”相去甚远。这种智力测验通常都忽略了诸如领导力和创造力等重要因素。它也从不考虑社会判断力、音乐、艺术及其他天赋，更不必说勤奋上进和情感平衡等重要的个人素质。不仅如此，学校里进行的测试通常都是快捷而省事的，测试结果主要取决于一个人的阅读能力，而一个阅读能力较弱的人压根儿就没有机会来证明自己聪明与否。

先假定我们都意识到了这一点，并且一致认同——智力测验只不过是用来测量某种模糊的解决问题的能力。假设彼得和琳达接受的测验正是人们普遍认为最好的一种——修订后的斯坦福－比奈测验，这种测验较为个体化，对阅读能力也没有什么要求。

进行智力测验的意图在于获得智力样本。与采用其他抽样方法得出的结果一样，表明智商的数据也存在统计误差，这主要是指其精确性和可靠性。

智力测验的测验过程有点像估量一块地里的玉米质量：你在地里走来走去，随意剥下一些玉米穗。等到你剥了100个左右的玉米穗时，你就能大致了解这块地里的玉米质量如何。你的信息已足够准确，可以用来与其他地里的玉米比较——假设这两块地不太一样。如果两块地的情况相似，你就得多剥一些玉米穗，用精确的质量标准来给玉米穗划分等级。

样本代表整体数据的精确度可以用数字来表示：概率误差和标准误差。

假设你要通过步测来测量出好几块田地的规模。首先，你要做的应该是检查测量体系的准确性，你可以反复步测几次你认为的100码（91.44米），你会发现平均有3码（约2.74米）的误差。也就是说，一半的测量比100码多3码，另一半则少3码。

这样你的概率误差就是每100码有3码的误差，即3%。此后你每步测100码就可以记录为100 ± 3码。

（相比而言，大多数统计学家倾向于使用另一种测量方法，也就是标准误差。这种方法中，2/3单位将落在加、减一个标准误差的范围内，而不是1/2单位，而且更加便于计算。就我们的目的而言，我们还是坚持使用概率误差，并将其运用到斯坦福–比奈智力测验中。）

假设和我们假想的步测一样，斯坦福–比奈智力测验的误差也是3%。这与测验本身的好坏没有关系，重点是测验与它所要测试的内容是否一致。因此，彼得的智商应该完整地表示为“98 ± 3”，琳达的智商则是“101 ± 3”。

也就是说，彼得的智商可能是95~101之间的某个数字，当然也有可能会大于101或小于95。同样，琳达的智商有50%的可能在98~104之间。由此，你很快就能明白：彼得的智商高于101的可能性为25%，同样，琳达的智商低于98的可能性也是25%。从这个角度来说，彼得的智商就不是低于而是高于琳达，他们之间的差距为3。

因此得出结论：对待智商和其他抽样结果应注意看它的范围。“正常”并不绝对是100，而应是类似90~110的区间，将一个范围内的孩子与其他更低或更高范围内的孩子的智商相比才有意义。但是将差别不大的数据予以比较是没有意义的。你必须时刻谨记“±”这个符号，即使它没有被明确标出。

忽视抽样调查中隐藏的误差会导致一些非常愚蠢的行为。有些杂志编辑将读者调查奉为绝对真理，主要是因为他们并不了解调查。比如，有40%的男性读者表示他们喜欢一篇文章，35%的男性读者喜欢另外一篇，编辑们就会更多地采用类似于第一篇的文章。

35%和40%的读者群的差别对一本杂志来说非常重要，但是调查所得的差别却未必真实。出于成本的考虑，读者群的样本往往会刨掉一些人，尤其是从来不看杂志的人，最后剩下的不过几百人。妇女类杂志的读者样本中男性读者很少。在做调查时，问题的答案选项通常分为“全部都读”“读大多数”“读一部分”和“都没有读”，35%的结论可能来自很少的调查人群。隐藏在这个令人惊叹的数据之后的概率误差也许很大，以此作为凭据的编辑们不过是抓住了一根细细的救命稻草而已。

有时人们会为了计算一个可以论证，却细微得毫无意义的差别而大费周章。这种行为无疑是对这条古训的蔑视：只有显现出来的差别有意义时才可称之为差别。“流金岁月”（Old Gold）牌香烟利用毫无意义的争论大赚一笔的案例就是一个绝佳的例子。

事情是《读者文摘》的编辑无心引起的，这位编辑虽然吸烟却没有对某一品牌情有独钟。该杂志组织了一群人分析不同品牌的香烟，并将分析结果刊登出来，上面罗列了各品牌的香烟中所含的尼古丁及其他成分所占的比例。最后得出的结论和精确的数据都证明：所有品牌的香烟差别不大。因此，人们抽哪一种香烟其实也没什么不同。

现在你也许认为，这个结论对香烟制造商和构思新方案的广告商来说是一个不小的打击。有些人在广告里声称吸烟能舒缓喉痛而且对胸闷有益，这个结论似乎足以引爆人们对这些广告要求赔偿。

但有的人却有新发现。在那份包含了几乎各种有毒成分的名单上，必定有一种香烟排名最后，这就是“流金岁月”牌香烟。于是，这一品牌用电报四处传播，报纸上也立即用特大号字打出广告。广告标题和内容中仅仅写了在这个由全国性权威杂志组织的测验中，“流金岁月”牌香烟所含有害物质最少。然而，所有的数据和说明这种差异是微不足道的文案都被删除了。

最后，“流金岁月”牌香烟被勒令停止并终止这种误导人的广告宣传。但这也没改变什么，这家公司已经凭借先入为主的观念大捞了一笔。正如《纽约客》（*New Yorker*）所说：“总是会有做广告的人。”

How to Lie with Statistics

第五章

惊人的图形

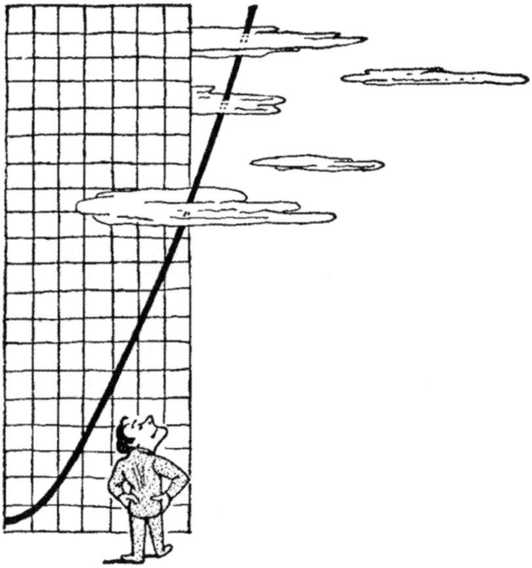

数据里有着某种让人畏惧的东西。矮胖子自信满满地告诉爱丽丝，他能熟练运用文字。但是当人们面对数据时，却

无法继续展现像矮胖子那样的自信了。也许这就是小学算术留给我们的“创伤”。

不管是什么原因，数据的确会给人们带来麻烦，比如对那些渴望人们都能读自己著作的作家，希望文案能促进销售的广告商，以及希望书籍和杂志大卖的出版商。当把数据以表格形式呈现出来变成了人们的忌讳，文字也无能为力时，就只剩下了一个办法：画一张图。

统计图形或图表中最简单的当属各种直线类图表。这种图表适用于表示趋势。人们也乐于展示、了解、发现或预测趋势。我们就用图表来说明国民收入是如何在一年内增长10% 的。

首先，我们在图纸上用相互垂直的直线画出方格。在底部标上月份，在左侧垂直的直线旁标上数据，并注明表示数据单位的“10亿美元”。然后，标出绘点，连接成线。你的图形就会像下页的图那样。

现在够清楚了。这张图展示了国民收入在这一年中每个月的变化。但是画图者会发现，由于这张图是按比例制成，最下面还有一条用于比较的基准线或零线。这 10% 看起来的确像是 10%——虽然也是上升的趋势，但不够令人振奋。

如果你只是想传达某个信息，这张图已经足矣。但是假设你想赢得一场辩论，想要让读者大吃一惊，让某人马上行动，或是推销某种商品，那这张图的效果还不够夸张。你要做的是把图表底部截去。

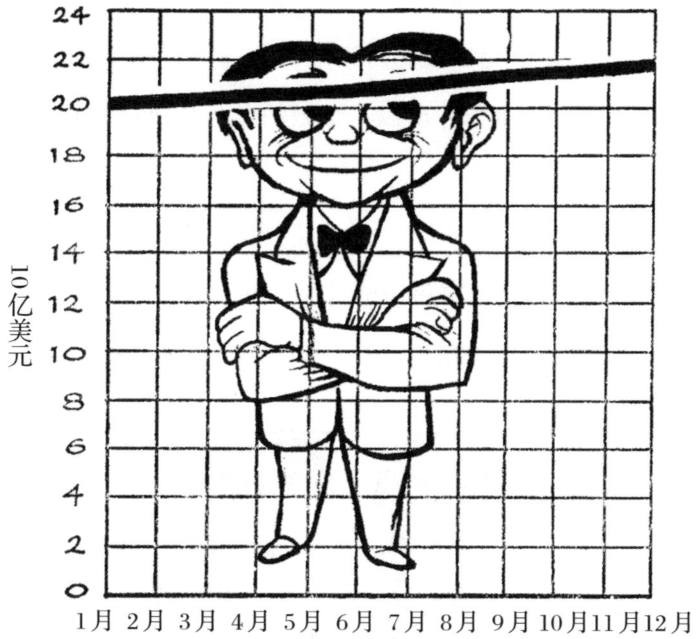

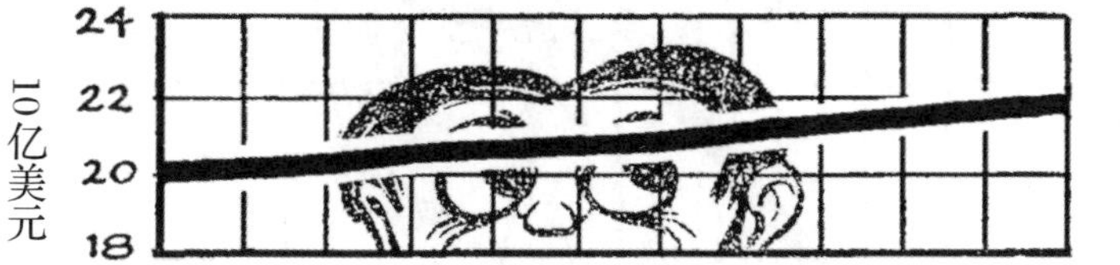

现在它看起来就是这样的。（如果有哪个吹毛求疵的家伙抗议你的图表是误导人，你可以说这是节约纸张。）图上的数据和线条没有丝毫更改。图还是那张图，什么都没被篡改，除了它给人的整体印象。但是急性子的读者现在看见的表示国民收入的线条在一年之内从底部攀升到了半空中，这是因为图表的大部分都不见了。这就好比你在语法课上会碰到一句话有省略现象，这都是“可以理解的”。当然，眼睛无须去“理解”被省略的部分，所以这细微的上升在视觉上就变成了大幅增长。

既然你在学着“骗人”，干吗还要把图表截短？你还有个比这强好几倍的办法，可以让这低调的10%看起来比100%还要生机勃勃。只需稍稍改变一下纵坐标和横坐标的比例。

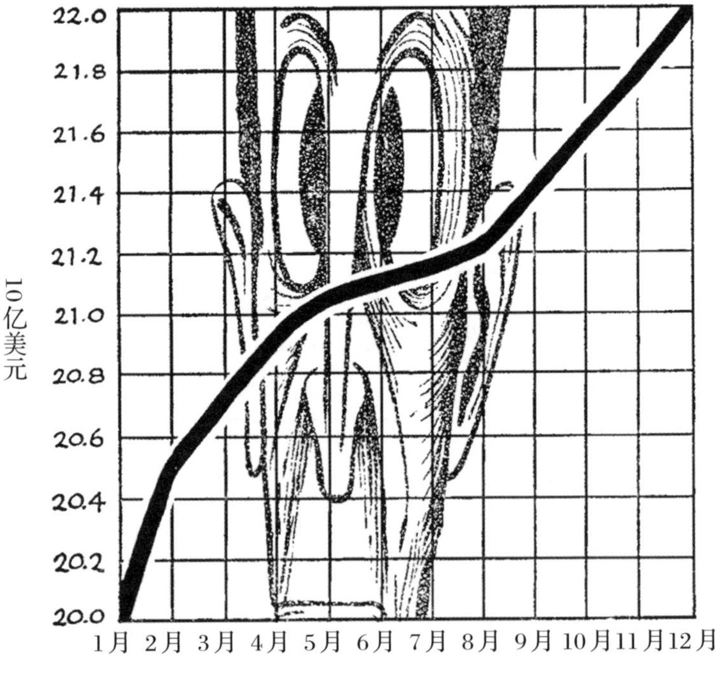

这可不违反原则，但的确会让你的图表看着更漂亮。你要做的就是将纵坐标上代表美元的数据的递增量改为原来的 1/10。

现在是不是令人振奋？凡是看到这幅图的人都会认为美国经济蓬勃向上。这就好比将标题从“国民收入增长 10%”改为“国民收入大幅增长了 10%”一样微妙。但是这种办法成效卓著，因为这里没有任何形容词或副词能够破坏客观性这一幻觉。因此，没有人会归咎于你。

一些知名公司也屡屡使用这一伎俩。1951 年，《新闻周刊》（*Newsweek*）杂志曾运用这种方法来说明“股市创 21 年来新高”，图表底部的 80 个指数被截掉了。1952 年，一家哥伦比亚的煤气公司在《时代》杂志上刊登了一张复制自“年度报表”的图表。如果你仔细看了图表上的小小数据并加以分析，你就会发现这十年间生活成本增长了 60%，煤气价格下降了 4%。这张图表比较让人满意，但对这家哥伦比亚的煤气公司来说，显然还不够。该公司把图表的 90% 截去（没有留下空白或说明作为提示），这样就成了你所看见的：生活成本翻了两番，煤气价格却跌至原来的 1/3！

为了罗列出不支持工资增长的公众意见，钢铁公司也曾利用过这种误导人的图表。但是这种方法并不是什么新鲜做法，它的不合理之处早被揭穿——还不只是在统计学家的专业书籍上。1938 年，一位《邓氏评论》（*Dun' Review*）的社论作者从华盛顿的宣传广告上复制了一张图表，争论在于图表上方的标题——《政府支出剧增！》。图表中的线条与标题中的感叹号对应，而后面的数据却并非如此。它们表示的是政府支出从 19 500 000 美元增至 20 200 000 美元。从底部急剧攀升至顶部的曲线本应描述的是不到 4% 的增长，但此刻却看着比 400% 还多！杂志编辑在旁边附上了同样数据绘成的另一张图表——用一条曲线客观地描述 4% 的增长，上面的标题是：《政府支出稳定》。

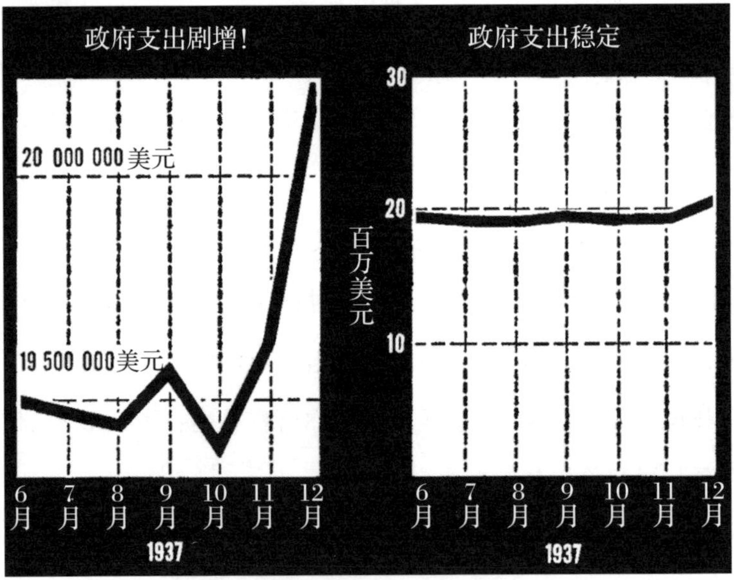

《科利尔》杂志也曾在报纸广告的柱形图中使用了相同的伎俩。但需要特别注意的是，这里截去的是图表的中间部分。

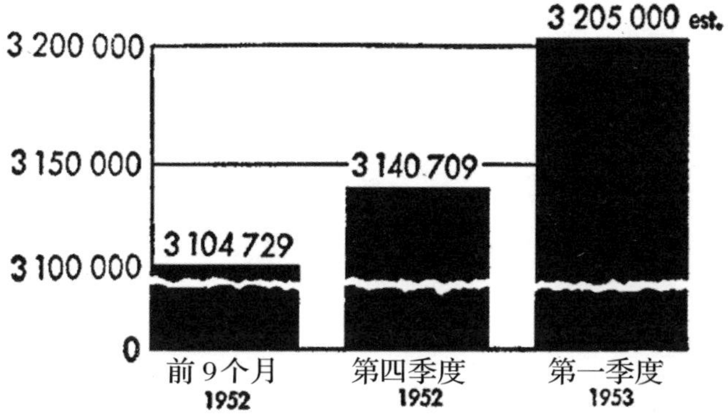

摘自《科利尔》杂志1953年4月24日的一则报纸广告

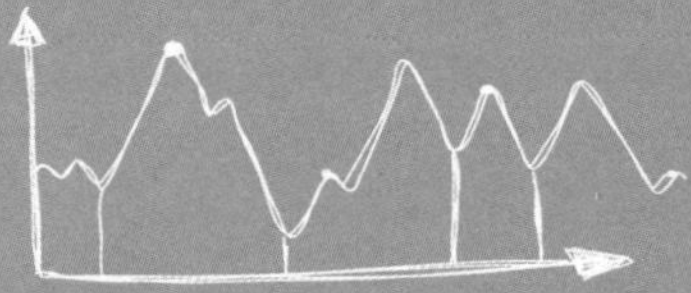

How to Lie with Statistics

第六章

一维图形

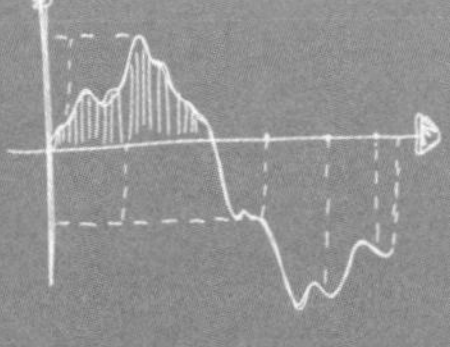

大约在十年前，你经常可以听到“小人物”这种说法，也就是指我们。后来这种说法听着过于居高临下，所以我们又变成了“普通人”。很快这种说法也被人们淡忘。但是“小人物”还经常出现，那就是图表上经常标示出来的人。

图表上有各种各样的图画：用一个小人代表100万人，用一个钱袋或一堆硬币代表1 000或10亿美元，或用一头牛来代表明年的牛肉供应量，这些都是形象图。这是一种非常实用的工具，因为它看起来实在是赏心悦目。但是它也能变成一种圆滑狡诈、手段高明的欺骗手段。

统计图表的前身是普通的柱形图。在比较两个或两个以上的数量单位时，柱形图这种方法较为简洁实用。但是柱形图也是一种欺诈的手段。你需要对这些情况持有一定的怀疑：代表一种单一元素时，柱形图的长度和宽度被改动；代表三维物体的体积也被随意改动，这些图形怎能用于比较？一个被截断的柱形图和我们前文所说的被截去的曲线图完全是一回事儿。柱形图经常出现在地理课本、公司报表、新闻杂志上。作为柱形图赏心悦目的衍生物，统计图表也是如此。

假设我要展示两个数据的比较——美国和罗坦迪亚（Rotundia）木匠的平均周工资。数目分别是60美元和30美元。为了引起你的注意，仅仅写上两个数据是不够的，因此我制作了两张柱形图。（顺便说一句，如果60美元与你去年夏天为走廊更换新栏杆时付给木匠的一大笔钱数目不一致的话，请记住你的木匠可能每周的收入不一定像你支付的一样高。无论如何，我不会说明我使用了哪一种平均数或是怎样计算得出的，免得有人吹毛求疵。所以你看，如果不说明其他信息，要将见不得人的数据隐藏起来是多么容易！你也许认为我只是为了说明才编造了这么一个数据，但要是我用的是 59.83 美元，我敢打赌你一定不会起疑。）

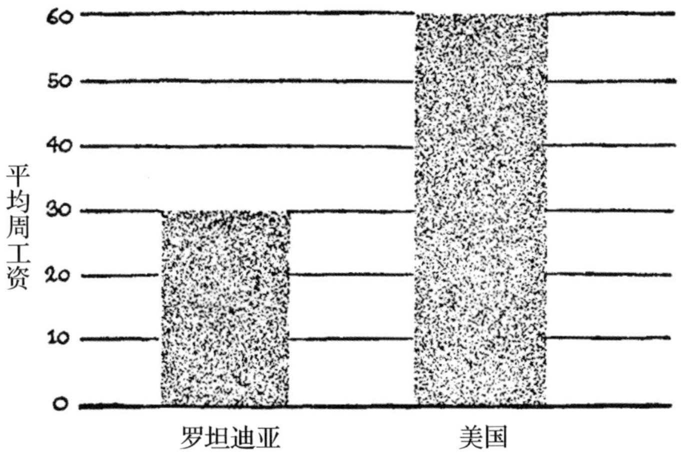

图画好了，左边标注的是平均周工资。这幅图清楚又真实。两倍的工资在图上显示的就是两倍大的柱形。

但是这张图还不够引人注目，对不对？我可以用比柱形图更形象的东西来代替：钱袋。1 个钱袋表示罗坦迪亚木匠微薄的周工资，2 个钱袋表示美国木匠丰厚的周工资，或者也可以用 3 个和 6 个钱袋分别表示。无论哪一种，图像都是真实而清楚的，它不会因你匆忙一瞥就欺骗了你。一张诚实可信的统计图表就做好了。

如果我只是想传达信息，那这样的图已经足矣，但是我的目的不止如此。我想要说明美国劳工的收入比罗坦迪亚的高得多，所以我越夸大30美元和60美元之间的差距，就对我的论点越有利。换句话说（当然这不是我的真实意图），我希望你能自己推断出某些信息，能加深夸张的印象，但我不希望你能看出我的花招。下面就来介绍这样一种方法，它几乎天天被拿去骗人。

我画了一个钱袋代表罗坦迪亚木匠的30美元，然后，我又画了一个两倍高的钱袋表示美国木匠的60美元。这都是按比例绘成的，不是吗？

现在我的目的达到了：相比之下，美国木匠的工资让罗坦迪亚木匠的工资显得相形见绌。

当然，这肯定内有玄机。原因就在于第二个钱袋不仅高度是第一个的2倍，连宽度也是2倍。这样一来，在图上第二个钱袋所占的面积就不是第一个的2倍，而是4倍。数据仍旧是2∶1，但大多数情况下，视觉效果可是起了决定性的作用，也就是4∶1。或者更糟糕的是，由于这些图描述的对象在现实中可是立体的东西，那么第二个钱袋的厚度必然是第一个的2倍。就像你的几何课本所说，相同物体的体积会随着立方体任一维度的变化而变化。2乘以2再乘以2等于8。如果一个钱袋表示30美元，那么另一个体积为前一个8倍的钱袋，表示的就不是60美元，而是240美元了！

其实，这就是我巧妙的图形给你的印象。说是“2倍”，但我留给你的持久印象却是令人振奋的8∶1。

同样，你无法指责我居心叵测，我只是做了许多人都会做的事情。《新闻周刊》杂志就曾这么干过——用的也是钱袋。

美国钢铁协会（The American Iron and Steel Institute）也曾这么做，不过用的是一对高炉。它的目的是要展示出20世纪30年代到40年代之间，美国钢铁行业的生产能力有多么强盛，由此证明就算没有政府干预，钢铁行业靠自己也能做大做强。原理本身比展现原理的方式更为可取。代表20世纪30年代新增1 000万吨生产能力的高炉，其高度是代表20世纪40年代新增1 425万吨生产能力的高炉的2/3。而你所看见的两座高炉，第二座的体积却是第一座的3倍。声称“将近1.5倍”，其实看着像3倍——这就是一维图形的效果所在。

这件由美国钢铁协会打造的“艺术品”还有其他有趣之处。第二座高炉被拉平变宽了，在视觉上看起来就要宽得多。图中黑色的块状物表示熔铁，其长度看上去是10年前的2.5倍。于是，50%的增长被画成了150%的增长，由于拉长，视觉上的效果就是超过了1 500%——除非我和我的计算尺没有考虑深度。算数简直变成了魔术！

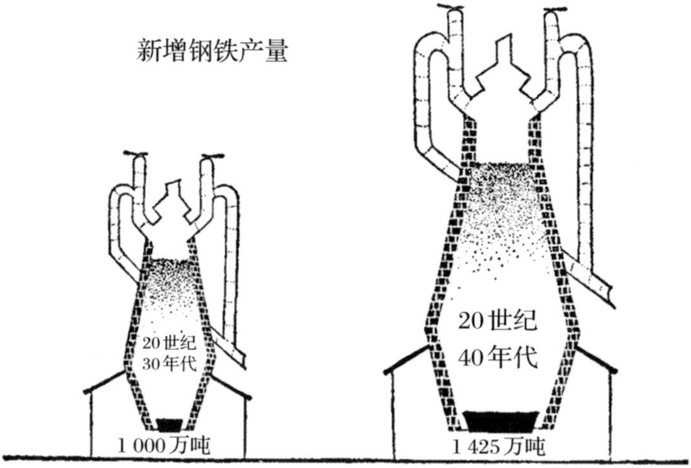

（或许你会说用四色彩页的被截断的曲线图同样也能达到

这一目的，但这似乎不太厚道。一张被截去下半部分的曲线图夸大了人均增长的钢铁产量。所以，上面画的对比图不仅节省纸张，还做到了事半功倍。）

也许有些人会说是画图水平太差。但是这好比少找了钱，如果收银员所犯的错误都对其自身有利，你就不得不产生怀疑。

《新闻周刊》杂志曾经运用图表来说明“美国人更长寿了”：图上有两个男子，一个代表1950年前后68.2岁的人均寿命，另一个代表1879—1889年间34岁的人均寿命。该杂志用的还是那一套老把戏：第一个人的身高是第二个的两倍，因此，前者的体积或重量是后者的8倍。为了达到更好的效果，图表给人以极其夸张的感觉，我将其称为“新闻炒作”（通过用极度夸张及捏造情节的手法来渲染新闻事件）的一种形式。同一期杂志里还有一张被截断的惊人曲线图。

随意更改图像中物体的尺寸还有其他弊端。1860年全美国有800多万头奶牛，而1936年奶牛数量增加到了2 500多万头。为了表示该项增长，有人画了两头奶牛，一头是另一头的3倍高，这就造成了我们讨论过的那种夸大效果。而且，急性子的读者看到这幅图也许会得出更奇怪的结论：1936年的奶牛比1860年的要大很多。

如果用相同的欺骗技巧来描述犀牛数量，你也会得到同样的效果。奥格登·纳什曾将“犀牛”（rhinosterous）与“荒谬”（preposterous）一词的发音搞混。这个词用来形容这个方法真是再好不过。

增加的奶牛

减少的犀牛

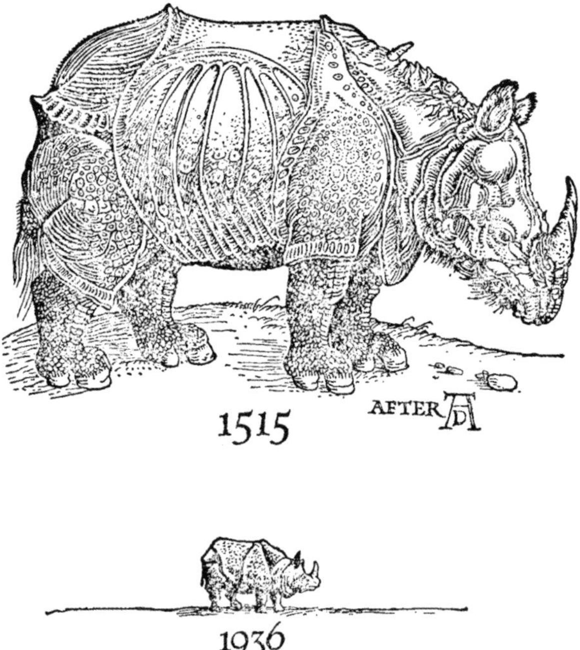

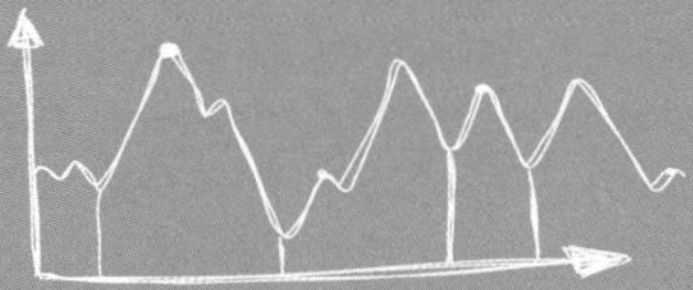

How to Lie with Statistics

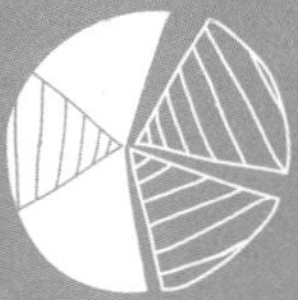

第七章

看似相关的数据

如果你无法证明自己想要证明的东西，那就展示一些其他东西，并假装它们是一样的。如今统计数据让人眼花缭乱，

几乎没人会注意到其中的差别。使用“看似相关的数据”绝对有用，这种手段向来有效。

你无法证明你的特效药能治疗感冒，但你可以用大字标题发表一份实验报告，报告声称只要半盎司（约 14.17克）该特效药就可以在 11秒内杀死试管中的 31 108个细菌。不过你这么干的时候，要确保这个实验室声誉良好，或者它的名字如雷贯耳。然后，将这份报告全文复印下来，并给报告配上一张身着白大褂的医生肖像。

但是，千万不要在你的报告中提及你的高招儿。抗菌剂在试管里效果显著，但在人体喉咙里效果却一般，尤其是病人需遵医嘱将药稀释后服用，以防烧坏咽喉组织。这种事不应该是你要指出的，对不对？说清楚你的药会杀死哪种细菌只会使问题更加复杂，千万不要这样做。没有人会关心哪一种细菌会导致感冒，特别是引起感冒的也许根本就不是细菌。

事实上，人们并不知道试管里林林总总的细菌与造成感冒的根源有何联系，也并不打算去认真研究，尤其是在擤鼻涕的时候。

也许这个例子过于明显，人们很容易就能发现其中的破绽。不过，“看似相关的数据”往往不会就以这样的形式出现在广告中。无论如何，这里还有个更高明的办法。

假设在美国种族歧视愈演愈烈的某个时期内，你被任命去“证实”情况并非如此。这个任务并不难。你可以做一个民意调查，或者更好的办法是找一个信誉良好的组织为你调查。找一些典型人群，问问他们是否认为黑人与白人的工作机会均等。定期对这个问题进行一次调查，你就能得出一个报告。

普林斯顿的民意研究所（Princeton’s Office of Public Opinion Research）曾对这个问题做过调查。有趣的是，调查结果证明实际情况往往与表面现象不符，民意调查时尤为如此。每个被问及工作问题的调查对象也要回答一些为了考察此人是否强烈歧视黑人而设计的问题。最后调查结果证明，歧视情绪最强烈的人多半就是在被问及工作机会是否均等时回答“是”的人。（而实际上，大约2/3同情黑人的调查对象认为黑人与白人工作机会不均等，大约2/3带有歧视倾向的人则认为两者机会相当。）显然，就这个调查来看，你无法准确得知黑人的就业情况，不过你了解到了不少与种族态度相关的有趣事实。

所以你就能明白，如果你在调查问卷中增加有关种族歧视的问题，你得到两者工作机会均等的答案也会增多。这样你就可以公开你的调查结果了：民意调查表明，黑人所受待遇向来公平。

通过巧妙地使用“看似相关的数据”，你获得了非凡的成果，实际情况越糟糕，你的调查却能使它看起来越好。

这还有个例子：“27% 的名医抽烟时选择亮嗓牌（Throaties），其比例远高于其他品牌。”当然，也许这个数据本身就是通过多种不同的方式伪造而来，不过这也没什么差别。对这个毫无关系的问题的唯一答案是：“那又怎样？”一般来说，人们对医务人员相当尊敬，但是医生真的就比你更了解香烟品牌吗？难道他们有什么内部消息能告知他们哪种香烟品牌的危害最小吗？当然没有！你的医生肯定会这样回答。然而“27%”这个数据听起来总是让人觉得不简单。

现在将比例降低 1%，想想榨汁机的事儿。广告上宣扬“好管家协会担保”“实验室证明”这种榨汁机能“多榨 26% 的果汁”。

这听起来挺不错。如果有一种榨汁机其出汁率要高 26%，为何还要选择其他品牌？那么，现在暂且不提那个“实验室试验”（尤其是“独立实验室试验”）证明了哪些令人难以置信的事情，就看看这个数据意味着什么？比什么东西高 26%？最终研究发现，这只是比老式的手摇榨汁机多榨了 26% 的果汁。这与你购买前想了解的数据毫无关系，这种榨汁机也许是市场上最差劲的。那么，除了精确得让人起疑之外，26% 这个数据可谓是无关紧要。

并非只有广告商会拿数据来糊弄人。《本周》（*This Week*）杂志发表过一篇关于安全驾驶的文章，这无疑会引起你的极大兴趣。文章说如果你“早上 7 点以每小时 70 英里（约 113 千米）的速度在公路上开快车”，那么相比之下，你幸存的概率就是晚上 7 点这么做的 4 倍。证据是：“晚上 7 点公路上的恶性事故发生数量是早上 7 点的 4 倍。”这个证据应该是真的，但结论就未必如此。之所以晚上死亡的人更多，仅仅是因为晚上公路上的人也更多。如果你是司机，晚上应该更危险，但前面所说的数据却绝对证明不了这一点。

如果按照文章作者的荒谬逻辑推理，那么晴天开车应该比雾天更危险。因为晴天比雾天多，所以天气好时车祸也更多。但只要运用常识，我们就知道其实还是雾天开车更危险。

如果你注意不到有关交通事故的统计数据有多不靠谱，只要随便提到任何一种交通工具，你就会被这些数据吓个半死。

与1910年相比，去年更多的人死于飞机失事。难道这说明现在的飞机更危险吗？瞎扯！这是因为现在乘坐飞机的人数是以前的成千上万倍。

据报道，在某一年里死于火车事故的人数为4 712。这听起来倒像是不坐火车，待在汽车里的一个绝佳理由。但如果你能认真研究一下这个数据，你就会发现此事大有文章。在这些死亡的人中，有一半的人是因汽车与火车在路口相撞而死亡，剩下的大部分人则是在无票扒车时身亡。4 712人中只有132人是火车上的乘客。此外，除非将这132人与乘客的旅行总里程挂钩，否则把这个数据拿来比较也没什么意义。

如果你即将展开一次横跨美国的旅行，你因担心途中会有危险而去询问火车、飞机和汽车等交通工具去年失事率哪个最高，那么你是问不出什么的。要想得到有用的信息，你得计算一下每100万名旅客周转量中遇难人数是多少，然后再计算比例，比较这些比例，由此得出的数据才能告知你最大的风险所在。

还有许多办法能计算某些事物，然后将其描述为其他事物。总的来说，就是要把两种看似相同，实则不然的事物放到一起。比如，你是某公司的人事部经理，你与工会发生了点儿不愉快。你在员工中做了一个调查，想要了解他们中有多少人对工会不满。除非工会的人真的就是一群在天使长带领下的天使，否则，你绝对能得出大多数员工对工会不满的结论。这时你就可以发表你的报告：绝大多数人（78%）反对工会办事的方式。其实，你所做的不过是搜集了一些类似的抱怨和牢骚，然后将它们说成了另一回事儿。你并未证明什么，但是看起来你确实证实了，难道不是吗？

不过，在某种程度上，这很公平。工会也可以“证实”几乎所有的员工都反对公司现行的运营体制。

如果你愿意继续研究“看似相关的数据”，不妨翻一翻公司的财务报表。

注意那些似乎过于庞大的利润，它们有可能会被冠以其他名目。美国汽车工人联合会（The United Automobile Workers）的《子弹》（*Ammunition*）杂志这样描述这种手段：

> 报告声称，去年公司的盈利为3 500万美元。每销售1美元的货物可以盈利1.5美分。你为这家公司感到遗憾。公共厕所里的一个灯泡烧坏了，公司需要花30美分用于更换。正如前面所说，这相当于公司销售20美元货物的利润。

但真相是，公司上报的利润不过是实际利润的1/2或1/3。没上报的那一部分就隐藏在折旧、特殊折旧以及偶发事件的现金储备之中。

同样有趣的还与百分比有关。在某个时期，通用汽车公司（General Motors）上报了一个相对低调的税后销售利润率：12.6%。但是，同期通用汽车公司的投资收益率为44.8%。这到底是好是坏，还要取决于你将这个数据运用在什么情况下。

同样，《哈珀斯》的一位读者曾在“读者来信”专栏中为A&P（店名）商店辩护，说是该商店的净盈利很少，只占销售所得的1.1%。他质问道：“如果某个美国公民一年内每投资1 000美元所得利润仅为10美元零几美分，他会担心自己因成为奸商而受到公众的谴责吗？”

乍一听，你会觉得1.1%的利润率真是少得可怜。与我们所熟悉的联邦政府管理局的抵押贷款和银行贷款等4%~6%或更高的利率相比，这真的很低。A&P商店还不如退出零售业，将资金投到银行，靠利息过活都比卖东西强。

但问题在于，投资所得的年收益与总销售所得的利润完全是两码事儿。正如另一位读者后来在《哈珀斯》上的回信所说："如果我每天早上花99美分购入一件物品，到下午再将它以1美元的价格售出，那么我在总销售上只挣了1%的利润，但是这一年里我的投资收益率却是365%。"

通常描述数据有很多种方法。比如，你在描述完全相同的事情时，可以将其说成1%的销售利润率，或是15%的投资收益率，或是1 000万美元的利润，或是利润增长了40%（与1935—1939年的平均水平相比），或者是相比去年下跌了60%。最终选择哪一种方法，要根据自己当前的目的来决定，选择最贴切的那个说法。相信我，没人能看出这些数据根本就无法说明实际情况。

并非所有"看似相关的数据"都是蓄意欺瞒的产物。不少统计数据对大家来说都非常重要，如医学数据。但由于从一开始报告就有出入，导致这些数据被歪曲了。在流产、非婚生育、梅毒等微妙的问题上，数据往往惊人地矛盾。如果你查阅某个时间段流感和肺炎的相关数据，你会得出一个奇怪的结论：这些疾病几乎只发生在南方的三个州，其传染者占所上报病患总数的约80%。其实，这个百分比说明了一个问题：当时，这三个州所上报的疾病在其他州已经停止上报了。

一些与疟疾相关的数据也说明不了什么问题。1940年之前，美国南部每年成千上万的人罹患疟疾，但在1950年前后，这些地方患病的人只是极少数。这个有益于公众健康的重要变化在仅仅几年之内就完成了。但实际情况是，1950年前后只有被证实是疟疾的病例才会被记录下来，而以前，“疟疾”这个词在南方的俗语中一般用来指代感冒或着凉。

1898年“美西战争”期间，美国海军的死亡率是9‰，而同期纽约市市民的死亡率为16‰。后来，海军征兵部门的人就拿这个数据来说明待在部队更安全。假设这些数据都是精确的，因为它们可能很准确。但稍等一下，看看你能否发现其中的伎俩，或者说征兵人员根据它们得出的结论是否毫无意义。

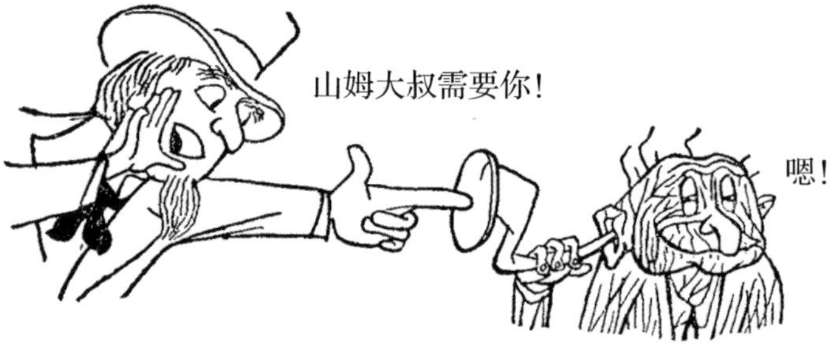

这两组数据根本没什么可比性。海军的主要构成人员是年轻人，大家都知道他们是年富力强的代表。而市民中包含了婴儿、老年人、病人等，这些人不管放在哪里都是高死亡率的人群。所以这些数据并不能证明符合海军征兵标准的人就一定比部队之外的人更长寿。反之，他们也无法证明相反的观点。

也许你曾听说这样一则令人沮丧的消息：1952年是医学史上患小儿麻痹症人数最多的一年。这个结论是基于所有人都会询问的证据得出的：这一年所上报的病例比之前的任何一年都多。

但当专家们回过头再次研究这些数据时，他们发现了一些鼓舞人心的东西：首先，因为1952年有更多孩子处于体质最敏感的时期，如果发病率保持一定水平，那么更多病例就会被记录在案；其次，当时社会上已经对小儿麻痹症有了一定的认识，因此能诊断出更多病患，甚至一些轻微病例也被登记；最后，由于当年的财政刺激增加，小儿麻痹症保险和来自美国国家小儿麻痹症基金会的援助也有所增加。以上原因统统使得人们怀疑小儿麻痹症患病人数的增长，后来的死亡人数使人们更加肯定了这种怀疑。

有趣的是，在测量一种疾病的发病情况时，死亡率或死亡人数往往比发病率的数据更为客观。这是因为在上报或记录死亡情况时，死亡人数的数据质量更高，情况更真实。显然，在这种情况下，看似相关或半相关的数据要比表面上看起来完全相关的数据更好。

在美国，这种看似相关的数据每4年就会出现一次兴盛。这并不能说明这种数据是周期性出现的，造成这种现象的原因是美国每4年就有一次总统大选。1948年10月共和党发表的一篇竞选陈述就是基于一些貌似相关，实则不然的数据：

> 1942年杜威（Dewey）当选为纽约州州长时，一些地区的教师最低工资为每年900美元。而如今，该州的教师享有全世界最高的工资。1947年，根据委员会的表决，杜威州长安排立法机关从州财政盈余中划拨了3 200万美元直接用于提高教师的工资待遇。因此，纽约州的教师最低工资水平提高至每年2 500美元至5 325美元不等。

这件事足以证明杜威先生真是老师的好朋友，但这些数据未必能证明这一点。这里使用的是那一套前后对照的老把戏：使用了一个未被说明的数据，然后让这个数据看起来与原来的不一样。这里，你可以看到“之前”的教师年薪为900美元，“之后”的为2 500~5 325美元，这听起来的确像是大幅增长。但是，前者是纽约州农村地区教师的最低工资，而后者则是纽约市的最低工资。所以说在杜威州长的领导下，教师们的工资也许提高了，也许没提高。

我们经常可以在杂志和广告上见到陈述中滥用的前后对照图表的统计形式。有两张照片照的是同一间客厅，这是为了证明刷上一层油漆后的显著不同。但是在两次照相期间，广告商会加入新的家具，更何况“之前”的照片只是一张光线很差的黑白小照，而“之后”的照片则是一张色泽鲜明的彩色大照。还有个例子：有两张照片能向你展示一个姑娘使用护发素前后的明显不同。天啊！她使用了护发素后，看起来是多么漂亮啊！但你若仔细检验，会发现她之所以变美多半是由于她的嫣然一笑以及打在她头发上的背光。因此，这应归功于摄影师而非护发素。

How to Lie with Statistics

第八章

因果颠倒

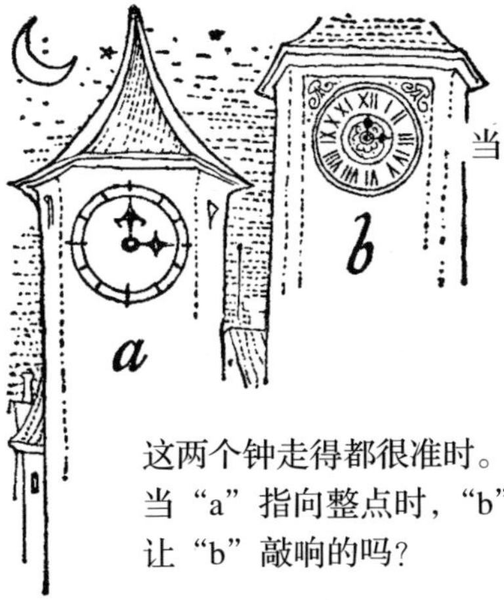

这两个钟走得都很准时。
当“a”指向整点时，“b”也指向整点。是“a”让“b”敲响的吗？

曾经有人想方设法地要研究，与不抽烟的人相比，抽烟者是否成绩更差。事实证明的确如此——抽烟者成绩更糟。这个结论让许多人非常高兴，自此以后，他们就经常拿这个结果说事儿。貌似想要成绩好就得戒烟，进一步还能得出一个合理的结论：抽烟会让人变笨！

我相信这一研究操作得当，其样本规模足够庞大，选择样本时谨慎且诚实，而且具备很高的相关性，诸如此类。

这是一种非常古老的谬误推理，而且经常出现在统计学书籍上。被一堆令人印象深刻的数据包装过后，这种谬误就会误导人。具体来说，这种谬误就是“如果 B 事件发生在 A 事件之后，那么，就是 A 事件引起了 B 事件”。由于抽烟和成绩同时出现，所以人们做出了一个毫无根据的假设：正是抽烟导致了成绩不好。那么，有没有可能事实恰好相反？也许成绩糟糕没有促使学生酗酒，而是抽烟。如果情况真是这样，这个结论也许会与上述结论一样合理，而且铁证如山。但是，宣传人员却未必对此感到满意。

然而，似乎还有一种可能性更大的说法：这两件事互不为彼此的因果，它们都是某个第三事件的产物。有没有可能是热衷社交的家伙更喜欢抽烟而非读书？或者有线索能证实曾经有人在性格外向与低成绩之间建立过关联？这之间的相关性明显要比成绩和智商更紧密。也许，性格外向的人比性格内向的人更能抽烟。问题是，如果有很多种合理解释，你很难有权去选择自己最喜欢的并坚持你的选择。可的确有许多人这样做。

为了避免陷入这种因果谬误，从而相信许多似是而非的东西，你需要严格检验各种与相关性有关的说明。相关性往往是通过一些令人信服的精确数据来证明两件事情之间的因果关系。但事实上，这种相关性却有多种类型。

一种是机缘巧合之下得出的相关。你可以通过这种方法将一组数据放到一起来证明一些不可能的事。但如果你换一组数据，你就再没办法证明。索性就像那些似乎能减少蛀牙的牙膏制造商一样，你直接将你不想要的结果抛开，只留下你满意的结果并将其公之于众。如果你的样本规模较小，你就能发现你能想到的两个事物之间都能建立显著的相关性。

还有一种更为常见的类型叫“协变关系”，指的是两个变量之间确实存在相关性，但无法确定哪个是因，哪个是果。在某些情况下，因与果可能会随时交换位置；或者两个变量互相既是因，又是果。收入和拥有的股票之间的相关就属于这种类型。你赚的钱越多，你能买的股票就越多；而你买到的股票越多，你赚的钱也就越多。此时，你就很难说清两者谁是因，谁是果。

也许在所有类型中最狡猾的那类也最为普遍：两个变量之间不存在因果关系，但变量之间的确存在着某种相关性。有的人就通过这种方式干了不少龌龊事。抽烟者成绩不好的推理正属于此。此外，不少医学统计数据也是不加验证地就被拿去使用。尽管这些数据变量之间的确存在相关，但所谓的因果关系也不过是一种推测而已。这里就有个后来被证明是瞎扯的统计真事：曾有人高兴地指出，马萨诸塞州长老会牧师的工资与哈瓦那的朗姆酒价格密切相关。

那么，哪个是因，哪个又是果呢？换言之，难道这些牧师会从朗姆酒贸易中获利？还是说牧师支持买卖朗姆酒？好吧，这实在是太牵强附会了，一听你就会觉得荒唐可笑。但有些因果颠倒的运用更加微妙，我们要格外注意。在这个牧师和朗姆酒的例子中，我们不难发现这两个数据都在增长，因为它们都受第三个因素的影响。这里的第三个因素就是那个历史时期全世界的物价上涨。

再来看看另一个例子。曾有数据表明，六月的自杀率为全年最高。那么，是自杀促使女孩子成为“六月新娘”[①]呢，还是说六月的婚礼会促使被抛弃者自杀身亡？这有一个让人比较信服（同样还未被证实）的解释：整个冬天都在治疗情伤的家伙原本盼着来年春天情况会有所好转，未料到了六月他还是感觉很糟，于是决定用自杀来表示他放弃了一切。

还有一种结论需要注意——当原本论证的相关数据超出一定范围，但你还坚持要得出某种结论。不难推测雨水越多，庄稼长势越好，就仿佛雨是来自上天的恩赐。但是，如果暴雨连连就会影响庄稼的收成，更有甚者则会颗粒无收。正相关达到一个极点就会马上转变为负相关。如果降雨超过一定量，雨水越多，庄稼收成就会越少。

① “六月新娘”是一种西方习俗。传说六月是属于罗马神话中婚姻与家庭的保护神朱诺的月份。——译者注

我们不妨再花点时间来关注一下教育的货币价值的问题。但是，我们的前提是已证明高中毕业生比辍学者挣的钱更多，而且每一年的大学学习都会增加相应的收入。不过，要留心那种“在学校待的时间越长，能挣到的钱就越多”的一般结论。要注意的是，大学毕业后的情况还未被证明也是如此，这条结论可能不适用这类人群。获得博士学位的人多半会成为大学教师，但他们不属于收入最高的阶层。

相关表示的是一种趋势，这种趋势却并非人们理想的“一对一”关系。一般来说，个子高的男生要比个子矮的更重，所以这是一个正相关。但你也不难发现，一个5英尺（约1.52米）高的人比一个6英尺（约1.83米）高的人更重，所以两者之间的相关系数小于1。简单来讲，负相关指的是在一个变量增加的同时，另一个变量在减少。物理学中将负相关叫作“成反比”。例如，你离灯越远，投在书上的光线就越弱；你与灯的距离在增加，而光的密度却在减少。物理学中的这种关系一般具有确定的相关性，但是，与经济学、社会学和医学相关的数据却未必具有如此清晰的相关性。即使受教育能增加收入，但要证明教育会使某人破产也并非难事。必须要谨记：就算某种相关性存在，并有真实的因果关系，你仍不能凭此进行决策。

曾有人收集过大量数据，为的就是证明大学教育能带来更多的收入。然后基于这些数据，这些人多多少少得出了一些结论。他们将数据和结论印制成小册子并四处分发，以吸引未来大学生的注意力。我并不反对这种意图，我本人很支持教育事业，特别是基础统计学的相关课程。这些数据的确能让人信服——上了大学的人挣的钱就是比没上大学的人多。当然也有不少例外，但是，这种趋势总体是十分明确的。

现在唯一的问题就是，人们依据这些数据和事实推出了一个未经证实的结论，这正是因果谬误的绝佳案例。这个结论告诉你：如果你（或你的儿子、女儿）去上大学而不是干其他事，你（或你的儿子、女儿）就能挣更多钱。这个结论是基于一个同样未经证实的假设得出来的。这个假设认为：因为受过高等教育的家伙赚的钱更多，所以他们赚的钱多是因为上过大学。而实际情况是，就算这些人不上大学，他们赚的钱也不少。有两个原因足以证明以上结论。大学里有两类人占大多数：聪明人和有钱人。聪明人就算不上大学，他们也有挣大钱的本事。而至于有钱人……他们已经有了各种各样挣钱的资本，无论上不上大学，有钱人的孩子都不会属于低收入的群体。

下面一段文章摘自《本周》杂志（这是一本发行量很大的周末增刊）上的读者问答。也许你会像我一样觉得这段话很有趣，因为这篇文章的作者还写过一篇题为《流行观念：是真是假？》的文章。

> 问：假如你是单身，上大学对你在找对象上有影响吗？
>
> 答：如果你是女生，那么你就很难找到对象。但如果你是男生，结果就正好相反，你很容易就能找个女朋友。
>
> 康奈尔大学对 1 500 名典型案例（都是中年大学毕业生）做了研究。其中 93% 的男性为已婚（全美国总人口中，同年龄段的已婚男性的比例为 83%）。

> 但大学毕业的中年女性只有65%为已婚，未婚比例相当于总人口中同年龄段未婚女性比例的3倍左右。

17岁的女孩祖西·布朗看到了这篇文章，她认为如果自己去上大学，那么她能找到男朋友的概率要低于不上大学的情况。这也正是这篇文章所要表达的信息，何况文章还附有可信的统计数据。这些数据虽然附在文章里，但并不能证明它们支持这篇文章提到的理论。而且要注意，尽管这些数据来自康奈尔大学，但这些结论却并非来自这所大学。不过，有些轻率的读者也许会认为就是康奈尔大学的研究得出了这个结论。

这个例子中，又是一个真实的相关被拿去支持一个未经证实的因果关系。也许这个因果关系恰好相反，这些女性就算不上大学，她们也许还会保持单身，甚至可能有更多人找不到结婚对象。如果这些可能性并不比作者在文中所坚持的观点好，那么或许只能说明，它们都是猜测而已。

事实上的确有证据表明，倾向保持单身的女性更有可能去上大学。金西博士曾研究发现，性欲和教育之间存在某种相关，该相关在人们进入大学之前就已形成。这个结论使得上大学不利于结婚的说法更加可疑。

所以，祖西·布朗同学请注意：事情不一定如此。

曾有一篇医学文章告诫人们：爱喝牛奶的人更容易得癌症。貌似近年来新英格兰、明尼苏达州、威斯康星州和瑞士等地的患癌人数不断增加，因为这些地方是牛奶的主要生产和消费区。但是在锡兰（斯里兰卡的旧称）得癌症的人却不多，因为在这里牛奶很稀缺。文章还进一步指出，在一些牛奶消费较少的美国南部地带，患癌的人就少得多。此外，文章还说，经常喝牛奶的欧美女性患癌的概率是很少喝牛奶的日本女性的18倍。

如果稍做研究，就能发现这些数据在许多方面都有问题，但只要一个原因就足够证明其谬误所在：癌症主要是在中年及以上人群发生。上文所提到的瑞士等国家的人均寿命相对较长。而且在这个研究开展期间，欧美女性的人均寿命要比日本女性多12年。

海伦·沃克（Helen. M. Walker）教授曾对“只要两件事有联系，它们就一定是因果关系”的荒唐说法做出过一番有趣的阐释。在研究女性的年龄和身体素质二者的关系时，沃克测量了女性走路时双脚开合的角度。研究发现，女性年纪越大，走路时双脚打开的角度就越大。也许你首先会想到这是否证明了双脚打开幅度越大，会致使人老得更快。但你马上就觉得这很可笑。那么，结论应是年龄的增长加剧了走路时两脚打开的角度。大多数女性年龄越大，外八字越明显。

所有类似的结论都是错误且无法被证实的。除非你能在一段时间内一直调查同一位（或同一群）女性，否则，你无法得出合理的结论。只有这样才能排除一个主要因素：年长女性成长时被教导走路时脚要分开，而年轻的女性所处的时代却不赞成这种走路姿势。

如果你发现某人（一般都是对某一事件感兴趣之人）将某个相关小题大做时，首先你要看看它是否属于此类相关，想想相关发生的过程以及整个时代背景。在这个时代，很容易就能在两个事物之间找出相关性，比如大学生的数量、精神病院的病人人数、香烟的消耗量、心脏病的发病率、X 光机器的使用频率、假牙的产量、加利福尼亚州的教师工资、内华达州赌场的盈利数额等。将其中一个事物说成另一个事物的原因实在是很愚蠢。但这样的事的确每天都在发生。

随便处理数据或利用小数点来混淆因果关系比封建迷信强不了多少，而且前者更具误导性。这就好比英国新赫布里底群岛（瓦努阿图的旧称）的人相信虱子有益于身体健康。经过数个世纪的观察，这里的人发现身体健康的人身上通常都有虱子，而体弱者就没有。观察本身倒是准确无误，因为长时间的日常观察总是惊人的正确。但是这并不意味着这些土著居民从观察中得出的结论正确：虱子让人更健康。大家都应该长虱子。

正如我们前面所说，还有许多比这更不具说服力的证据都促成了杂志（包括专业领域的杂志）上许多医学文章的发表。这些不能说明因果关系的证据被人们不加辨别、频繁地使用，最后连我们的常识都无法撼动它们。最终，那些更善于分析的观察家们才在新赫布里底群岛的案例上发现了真相。事实证明，这里几乎所有的人身上都有虱子，这是正常情况。但是，假如有人发烧（很可能正是虱子引起的），随着体温升高，虱子就会因受不了而离开。这里的人将因果关系完全歪曲颠倒，甚至混为一谈了。

How to Lie with Statistics

第九章

如何操纵统计

通过利用统计材料给他人传递错误的信息，这一行为在统计学上可称为人为操纵。我们将这个概念用一个词来表示（尽管不是很好）：统计操纵。

本书的书名及书中所讲的内容看起来都是在暗示所有的操纵行为都带有目的明确的欺骗性。美国统计学会（The American Statistical Association）的某一分会主席曾为此严厉地指责我。他认为一般都是由于无知、粗心才造成了误传，而非蓄意欺瞒。也许他说的不无道理[①]，但是，我并不确定这种假设不会比另一种假设更让统计学家生气。也许更应谨记的是，刻意歪曲统计数据、故意操纵统计数据的人并不是专业的统计学家。放在统计学家桌子上的数据一旦到了推销员、公共关系专家、记者和广告文案撰写人的手里，马上就被歪曲夸大、过分简化，或是在层层筛选中变得面目全非。

但是，无论在何种情况下犯错的人，都很难让人们相信他是因无知、粗心而导致犯错。杂志和报纸上的虚假图表常常会浓墨重彩地夸大事实，从而造成耸人听闻的效果，它们很少会将事实轻描淡写、一笔带过。以我的经验来看，那些代表厂家进行统计论证的人很少能给员工或顾客比实际情况

---

① 据说作家路易斯·布罗姆菲尔德（Louis Bromfield）经常有一大堆需要处理的批评家来信，他为此准备了一套回复的模板。模板上既没有承认任何事情，也并不鼓励对方再次来信，所以这套模板几乎能让所有人都满意。该模板有个关键句型："您说的有点儿道理。"

这让我想起了一位牧师。这位牧师在母亲中颇受欢迎，因为他在集会上向来不吝夸奖接受洗礼的孩子。但是，当这些母亲相互比较时，她们都记得这位牧师说的不过是一些"中听的话"。他的赞美也是一成不变："哎呀！这真是个可爱的小宝贝，是不是啊！"

更多的好处，相反，通常他们给的都是不好的东西。工会怎么可能去雇一个不称职的统计人员，使得自己在劳工案件中处境被动呢?

只要这些错误是单方面的，我们就很难将之归咎于粗心或意外。

在利用统计数据误导人的方法中，最狡猾的手段当属地图。在地图上画上一堆变量，这样一来事实就被掩盖，事物之间的关系就被扭曲。在这方面，最狡猾的做法是阴影绘图法。波士顿第一国民银行（The First National Bank of Boston）就曾印制发行了这种地图，然后此图被所谓的纳税人集团、不少报社和《新闻周刊》杂志大量转发。

这张地图描绘的是国民收入中被联邦政府使用、花费的数额。图上将密西西比州以西的州（除路易斯安那州、阿肯色州及部分的密苏里州之外）全都涂上了黑色，以表示联邦政府的花销与这些州的国民收入总额相当。

这张图玩弄的手段是选择了地广人稀、相对收入较低的州。用同样诚实（或同样不诚实）的方法，制图者也可以将纽约州或新英格兰涂黑，这样得出的地图阴影部分只占极小的面积，也不会给人以深刻印象。虽然使用的是相同的数据，但制图者却给看图的人制造出两种大相径庭的印象。不过，没有人会不厌其烦地散发第二种地图。至少在我看来，没有哪个有钱有势的集团会对公共支出比实际收入更少这件事感兴趣。

如果制图者的目的只不过是简单地传达信息，他肯定会省事地选择画第二种图。他也可以选择美国中部的几个州，这些州面积总和与全美国面积的比例相当于其国民收入与全美国总国民收入的比例。

这张地图之所以臭名远扬，是因为它在误导人时所使用的手段并不新颖。这不但是老把戏，而且早已沦为了笑柄。印发这张图的银行早在很久以前就发过这张地图的另一个版本，用以表示1929—1937年联邦政府的花销。时隔不久，这张图突然出现在威拉德·科普·布林顿（Willard Cope Brinton）编写的《图示》（*Graphic Presentation*）这本典范性著作中，不过是被当成了反面教材。“这种方法简直就是扭曲事实。”布林顿直言不讳。但是这家银行仍在绘制这种地图，而《新闻周刊》和其他人应该（或者可能）了解内幕的人也仍在重印这种地图，他们对读者既没有警告，也不曾致歉。

美国家庭的平均年收入为多少？我们前面提过，美国人口普查局在1949年公布“美国家庭的平均年收入为3 100美元”。但如果你仔细看了报纸上拉塞尔·赛奇基金会（The Russell Sage Foundation）发起的“慈善捐助”活动的相关报道，你就会发现在同一年，美国家庭的平均年收入高达5 004

阴影部分

（西部型）

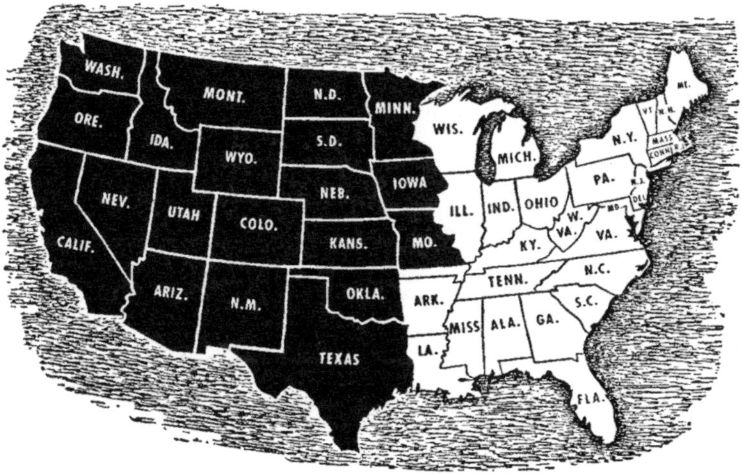

（东部型）

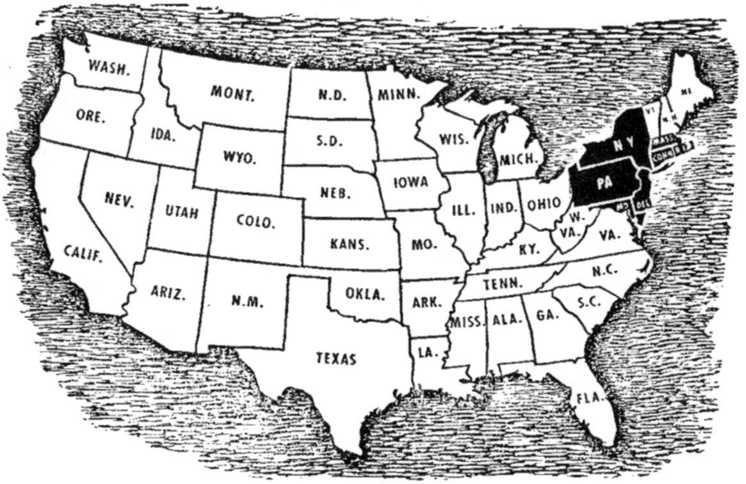

为了证明我们没有骗人，我们特意也将马里兰州、特拉华州和罗得岛州涂上了阴影。

美元。也许你会为大家生活得如此之好而感到由衷地高兴，但你也会为这个数据与平时你所观察到的事实有着天壤之别而大吃一惊。也许是你观察了不同的人吧。

为什么拉塞尔·赛奇基金会与美国人口普查局的结果会相差这么大？美国人口普查局计算时用的是中位数，当然这是合理的方法。但就算拉塞尔·赛奇基金会用的是均值，差别也不应如此之大。最后事实证明，拉塞尔·赛奇基金会创造了一种只能被形容为“虚假家庭”的东西，从而发现了这个非凡的高收入。基金会的人解释说（当被要求解释说明时）他们的方法是将美国国民总收入除以了 149 000 000这个全国总人数，从而得出了每人 1 251美元的平均年收入。他们补充说：“然后将 1 251乘以 4，就变成了一个四口之家 5 004美元的平均年收入。”

怎样才能在一年之内赚到 22 500 美元（总收入）？

①首先，你至少得有一个妻子和 13 个孩子。
②然后，计算美国人均年收入（答案：人均年收入约为 1 500 美元）。
③将 1 500 美元乘以 15 即可（答案：15×1 500 美元=22 500 美元）。

这个奇怪的统计操纵在两个方面有所夸大：首先，它用的是那种叫作“均值”的平均数，而非数额更小但更为贴切的中位数——这个问题我们已经在前面的章节做过分析；其次，这个统计操纵假设了家庭收入与家庭人数成正比。我有 4 个孩子，我倒是希望事情能像刚刚探讨的那样美好，但事实并非如此。四口之家的财产绝不可能是两口之家的 2 倍。

平心而论，拉塞尔·赛奇基金会的统计人员并不是要蓄意欺瞒，应该说他们主要是想绘制一张给予而非索取的图。那个可笑的家庭平均年收入不过是一个副产品。但是，它的欺骗性却并未因此而减少，而且这也是一个为什么不能相信未加说明的平均数的绝佳案例。

为了给声名狼藉的统计制造一个精准的假象，你应该考虑使用小数。去问一问 100 位市民昨晚睡了多久，比方说得出了一个总数为 783.1 小时的结果。所有类似的数据从一开始就不够精确，大多数人的回答都会与实际情况有 15 分钟或更大的误差，况且我们无法确保这些误差刚好能互相抵消。我们都知道人们会将睡不着的 5 分钟当作半个晚上的失眠。但是不管这些，你继续计算，然后你可以宣布人们每晚的平均睡眠时间为 7.831 小时。这听起来好像你非常清楚所谈论的事情。

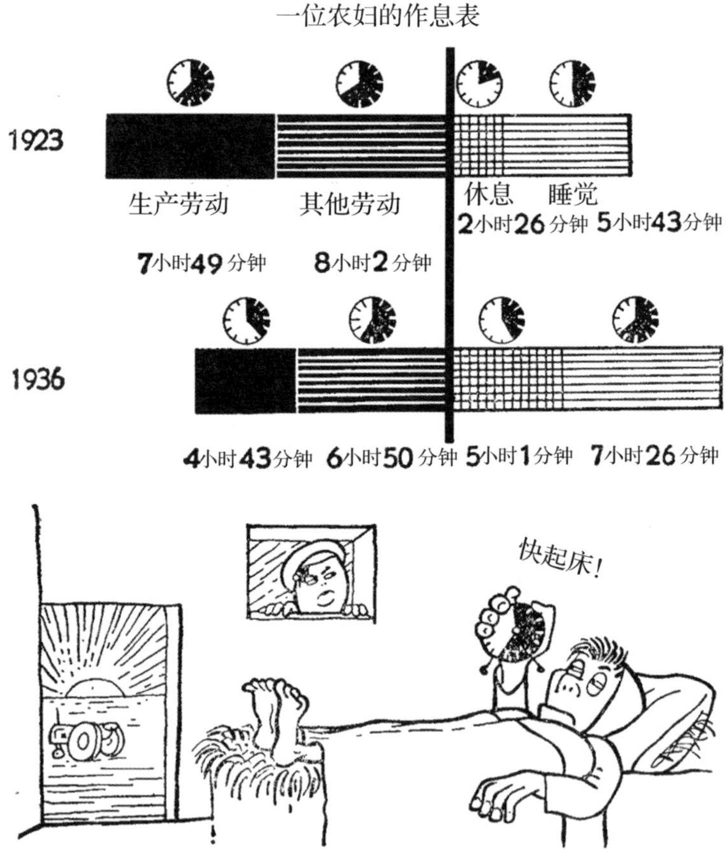

图表改编自苏联（绘图统计科学出版研究所）

如果你愚蠢到只宣布人们平均每晚睡眠时间为7.8小时（大约8小时），这就不算什么能让人为之一振的事情。就像是这件事本身一样，它不过是个可怜的大概数据，比其他人的猜测也强不了多少。

百分数也是一片滋生混乱的沃土。就像那个给人以深刻印象的小数一样，百分数也给不准确的东西镀上了一层精准无比的光环。美国劳工部（The United States Department of Labor）的《每月劳动评论》（*Monthly Labor Review*）曾发文指出，华盛顿地区在指定月份能报销车费的兼职家庭帮工中，4.9%的人周工资为18美元。其实，这4.9%的兼职家庭帮工仅指2个人，而这一类帮工的总人数不过也就41人。任何根据小规模样本得出的百分数都具有误导性，与其这样还不如直接给出原有数据来得可靠。如果将这个百分数精确到小数，就不是愚蠢而是欺骗了。

“现在就购买圣诞礼物可少花100%的钱。”广告向人们建议。这听起来简直就像是圣诞老人会干的事情，但事实证明这不过是把基数搞混了，减掉的钱只有50%。省下的钱相当于被减掉的钱数或新价钱的100%，这倒是真的，但这和广告上说的可大不一样。

与此类似，某位花卉种植者协会的主席在接受报社采访时说：“相比四个月之前，目前鲜花的价格便宜了100%。”他所说的并不是指种花的人在免费派送鲜花。但他当时的确是这么说的。

艾达·塔贝尔（Ida M. Tarbell）在自己的著作《标准石油公司的历史》（*History of the Standard Oil Company*）中写得更为夸张。她说："西南地区在大减价……下降幅度从 14% 到 220% 不等。"这就是说为了将石油运走，商家还得给消费者支付一笔数目可观的酬金。

哥伦比亚的《快报》（*Dispatch*）曾宣称某种产品的销售利润率高达 3 800%，因为该产品的成本仅为 1.75 美元，但其售价却为 40 美元。在计算利润率时，你有多种方法可以选择（不过你必须具体说明你使用的是哪一种方法）。如果以成本为基础，那利润率就是 2 185%；如果以售价为基础，则是

降价 50%

95.6%。《快报》明显是用了自创的一种方法，它似乎得到了用于报道的被夸大的数据。

甚至就连《纽约时报》在刊印一则来自印第安纳波利斯的美联社新闻时，也在更换基数的问题上犯了错误。

> 现在，这里经济萧条的形势终于大为好转。印第安纳波利斯建筑贸易工会的水管工、泥水匠、木匠、油漆工和其他工人们的工资增长了 5%。这相当于给工人们补偿了去年冬天被削减的 20% 工资的 1/4。

这表面上看起来挺合理，但是减少的部分是按照一个较大的基数（也就是工人们原来得到的工资）计算，而增加的部分却是按照另一个较小的基数（也就是削减后的工资）计算。

归还了削减掉的 50%

你可以通过简单的假设数据来检验一下这个统计错误。为简单起见，假设工人原来的工资为每小时1美元，减少20%，工资就降至80美分。在此基础上，增加5%即为4美分，这是被削减工资的1/5，而非1/4。这就像许多似乎正确的错误一样，这个数据不知怎的被夸大了，因此，使得整个事情看上去更加美好。

这些事例都说明，为什么在抵消被削减的50%之前你需要先增长100%。

《时代》曾报道，在某个财政年度，“因火灾而丢失的航空邮件重量约为4 863磅（约2 206千克），约是航空邮件总重量的0.000 63%。”报道说，那一年航空邮件的总重量为7 715 741磅（约为3 499 801千克）。保险公司如果按照这个基数计算，那么，它们就会有大麻烦。计算一下损失的邮件重量占邮件总重量的比例，你就会发现实际比例为0.063%，这可相当于报纸所说的100倍。

增加折扣的把戏正是由于更换基数而产生的错觉。如果一位五金批发商告诉你“先打50%的折扣，在此基础上再打20%”，他这么说并不意味着给了你70%的折扣，实际折扣只有60%。因为，后面20%的折扣是按照前面打了50%折扣后的较小基数来计算的。

将一些不该相加的东西加在一起就会产生许多愚蠢的错

误和强词夺理的狡辩。一代代的孩子们都用这种手段来证明他们没有时间上学。

你也许还记得，一年的365天里你可以减去122天，这相当于一年1/3的时间你用来睡觉；再减去45天，这是你一日三餐所用3个小时的总和；剩下的198天里有90天是在过暑假，21天是圣诞节和复活节假期；最后剩余的时间甚至都不够你过周末。

也许你会说，这么老套拙劣的把戏实在不应出现在严肃的商业场合。但是美国汽车工人联合会在它的月刊《子弹》杂志上坚持说现在仍然有人用这种方法来反驳它。

> 每次罢工时都有一些不着边际的谎话。每次罢工发生，美国商会就会宣传说罢工造成的损失高达每日数百万美元。
>
> 怎样才能得出这个数据？他们将正常工作时生产的汽车价值相加，然后以同样的方式再加上供应商的损失。总之，就是要把能加的东西都加上，其中就包括停车费和销售商的损失。

与此类似，与"百分数可以像堆苹果那样随意相加"同样奇怪的观点被拿去用来对付作家们。《纽约时报书评》（*The New York Times Book Review*）中的这篇文章是多么让人心服口服啊！

> 貌似书籍价格和作家收入之间不断扩大的差距实质上是由于生产和原料成本提高所致。具体项目为：过去10年内，仅种植树木和生产的成本就增加了10%~12%；原材料价格上涨了6%~9%；销售和广告费用攀升了10%。这些统统相加就至少有33%（对大公司而言），而在规模较小的公司这个数据接近40%。

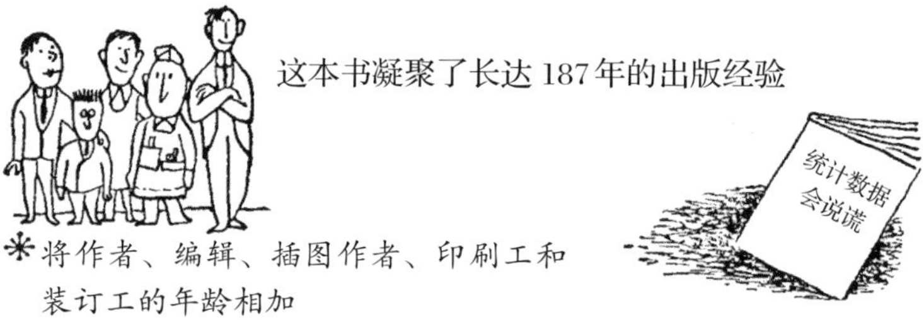

其实，如果出版一本书的每项成本都增加约10%，那么，总成本也应当是增加了10%。这种能将各项成本增加的百分比都相加到一起的逻辑属于异想天开。今天买了20样东西，发现每一样的价格都比去年上涨了5%，那么加到一起就是100%，所以生活的成本翻了一番。这都是瞎扯！

这就有点像路边小贩向你解释为何他的兔肉三明治卖得如此便宜。“这个嘛，”他说，“我不得不放点马肉呀。不过，我掺杂的比例是一半对一半——一匹马配一只兔！”

一个工会刊物曾画了张漫画来表示他们反对另一种毫无根据的加法。图中老板将正常上班一小时支付的1.5美元加上加班一小时支付的2.25美元，再加上加班第二个小时支付的3美元，最后得出平均工资为每小时2.25美元。要找出一个比这更没有意义的平均数还真不容易！

另外一个极具欺骗性的办法就是对百分比和百分点的混淆。如果你的投资回报率从第一年的3%上涨至第二年的6%，那么，你可以低调地将其描述为增加了3个百分点，你也同样可以将其说成增长高达100%。要想了解这两者是怎样糊弄人的，你可以特别观察一下民意测验的投票者。

百分位数同样也会骗人。当你被告知约翰尼在数学或某个智商测验中的结果时，为了便于与他的同学比较，这里也许会使用百分位数。百分位数指的是在一百个学生中约翰尼的排名。比如在一个300人的班级里，前三名的百分位数是99，接下来三个人的是98，以此类推。百分位数的奇怪之处就在于一个百分位数为99的学生要比百分位数为90的学生优秀那么一点点，但是百分位数分别为40和60的学生的水平却差不多。究其原因，是因为许多特征都会聚集在平均数周围，从而形成了我们在前面章节说过的“正态分布”的钟形曲线。

有时统计学家之间也会产生冲突，因为就连最迟钝的观察者也会觉得事有蹊跷。在统计操纵者的把戏被识破时，诚实的统计学家终于可以松一口气了。钢铁行业委员会（The Steel Industry Board）指出过钢铁公司和工会都乐此不疲地要一些骗人把戏。为了证明1948年的生意有多好（从而证明公司能给工人们涨工资），工会对比了这一年和1939年（这一年的产量极低）的年产量。为了不在骗人比赛中落败，这些公司坚持以员工工资进行比较，而非平均每小时工资。可问题的关键在于1939年有许多工人是兼职，这样一来即使工资率一点也没增长，他们的工资肯定还是在增加。

向来以擅长绘制图表而著称的《时代》杂志曾刊发过一张图表。这张图表很有趣，图表说明的是统计学家能“从包中掏出任何他想要的东西”。现在，有两种行之有效的方法，一种对管理人员有利，另一种对员工有利，而《时代》杂志竟然将两种都用上了！其实这张图是两张图表叠加而成，两张图用的是相同数据。

一张图以10亿美元作单位，表示的是工资和利润。很明显二者都在增加，而且增幅差距不大。其中，工资的数额大约是利润的6倍，貌似沉重的通货膨胀压力主要来自工资。

叠加图表示的是工资和利润增长率的变化。代表工资增长率的线条相对较为平缓，而代表利润增长率的线条却急剧上升。因此看来，通货膨胀的压力主要来自利润。

你可以自行选择你的结论。或者更好的是，你可以轻易看出两张图都是客观真实的，都不会是被指责的对象。有时，你要指出争论的问题是否正确，因为这可不像表面现象那样一目了然。

对数百万人而言，指数是一个非常重要的东西，因为工资率经常与它挂钩。有一个问题值得注意：怎样做才能让它跟着某些人的音乐起舞呢？

举一个最简单的例子，我们不妨假设去年1夸脱（约0.95升）牛奶的价格为20美分，一条面包的价格为5美分。而今年牛奶的价格降至每夸脱10美分，面包的价格涨至一条10美分。那么，现在你想证明什么？生活成本增加？生活成本下降？还是什么都没变？

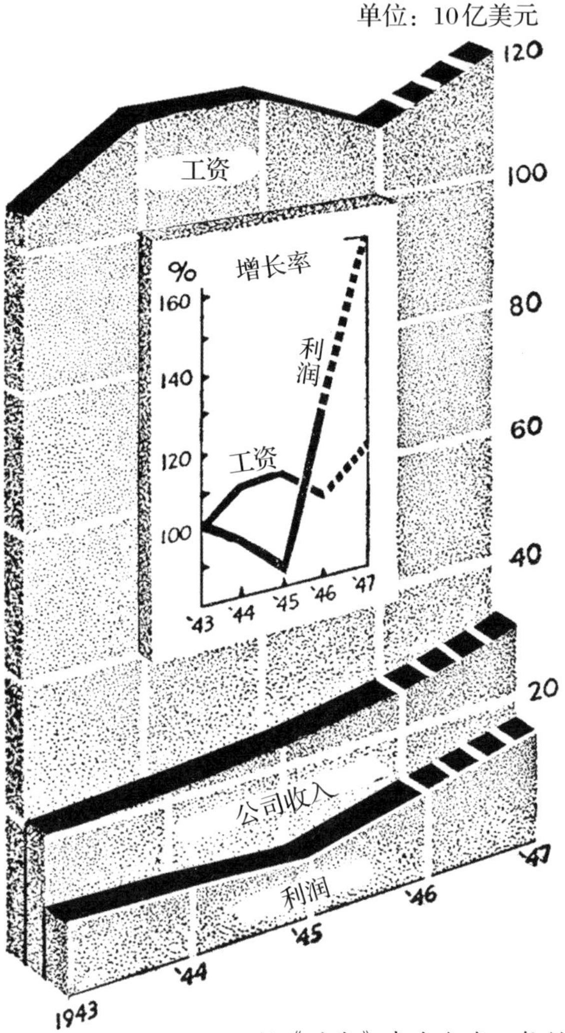

经《时代》杂志允准，复制此图以当作没有说谎的例子。

将去年看作基期，[1]也就是说，以去年的价格为 100%。由于今年的牛奶价格下跌了一半（50%），而面包价格翻了一番（200%），50% 和 200% 的平均数是 125%，那么物价就上涨了 25%。

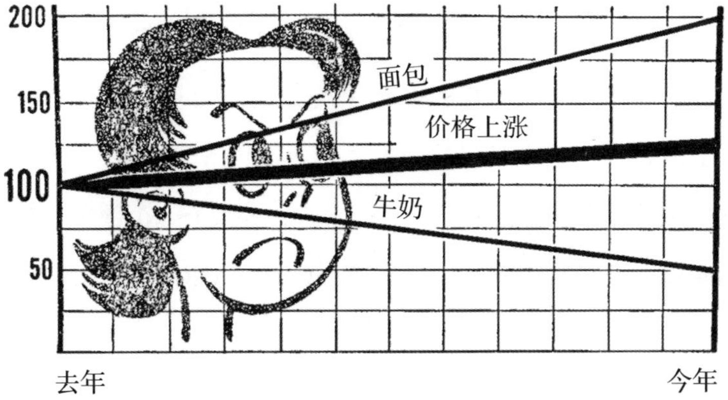

再试一下，将今年看作基期。去年的牛奶价格是今年的 200%，面包价格是今年的 50%。那么平均数就是 125%。所以，去年的物价比今年高 25%，即物价降低了 25%。

① 基期：确定开始计算的时间，也就是时间范围内的初值，比如 2000—2011 年，2000 年就是基期。——编者注

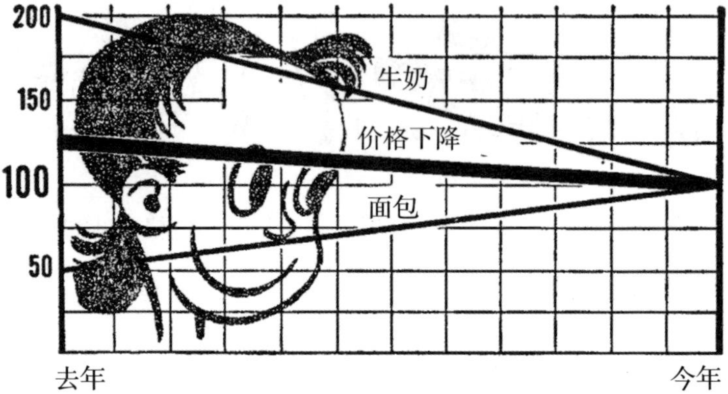

为了证明物价水平没有任何变化，我们可以改用几何平均数，随便你用哪年当作基期都行。几何平均数与算术平均数或均值稍有不同，但是几何平均数绝对合理，而且有时这还是最管用、最贴切的方法。为了得到3个数字的几何平均数，你需要将三者相乘，然后开立方；如果有4个数字，就全部乘起来再开四次方；如果是两个数字，就两者相乘开平方，以此类推。

将去年的价格当作基数，也就是将每种商品的价格水平都定为100。事实上，你将每一项的100%相乘再开平方，得出的结果还是100。今年的牛奶价格是去年的50%，面包价格是去年的200%，50乘以200等于10 000，再开平方的结果是100，这就是几何平均数。这样一来，物价既没有上涨也没有下跌。

其实，如果不去考虑它的数学基础，统计学不仅是一门科学，也是一门艺术。在允许的范围内，你可以进行大量的统计操纵，甚至扭曲事实。一般统计学家要在多个方法中挑选出一个阐述事实的方法，这是一个主观的过程。在商业活动中，统计学家不会选择对自己不利的方法，这就好比一个广告文案撰写人不会将委托方的产品说成“简陋、廉价”，他要说的是“轻巧、实惠”。

甚至就连学术界的人在搞研究时都会带有一定的偏好（也许是无意识的），他们有想要证明的观点，或是有自己想达到的目的。

以上案例都说明，对于报纸、书本、杂志和广告上的统计材料、事实和数据，在接纳之前我们都应用严格的标准反复审视。有时，仔细一看你就能发现问题所在。但武断地拒绝任何统计学的方法也是不可取的。这就好比作者有时会利用措辞来隐瞒而非揭露事实真相，你却因此而拒绝读书。不过，这样的作者也是有的，比如一位佛罗里达州的候选人借指控他的竞选对手“实行独身主义”而大捞了一笔。电影《暴君焚城录》在纽约展映时引用了《纽约时报》的评价：历史上自命不凡之作。而“疯狂水结晶”——一种中成药——这么为自己打广告：“一天就能见效的快速神药。”

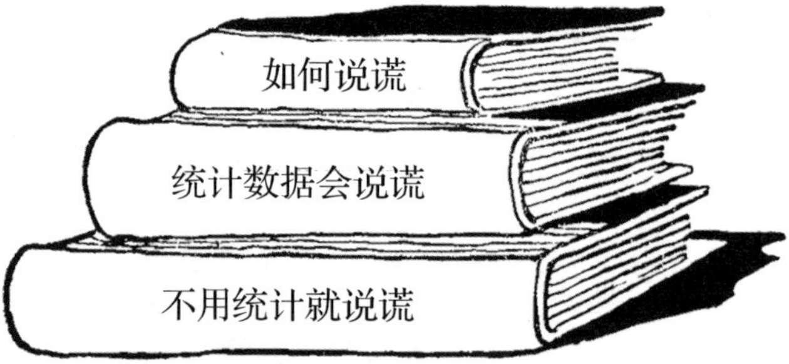

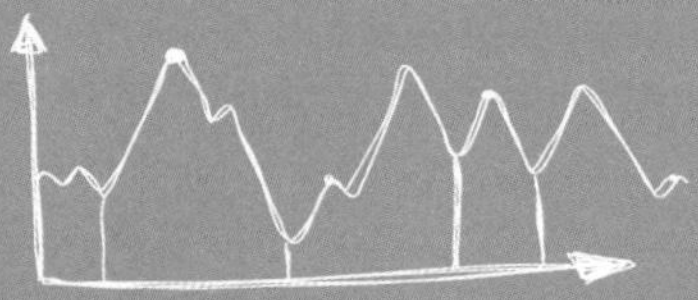

How to Lie with Statistics

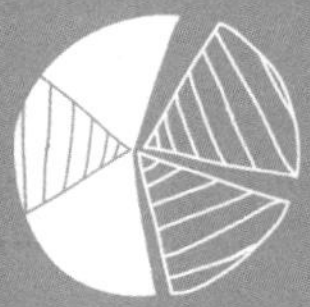

第十章

如何反驳统计数据

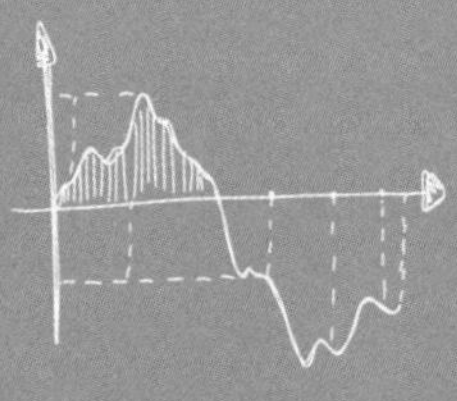

到现在，我一直把你当作一个渴望能细致学习如何使用短剑的海盗。在最后一章，我要放弃那些文字游戏，转而直面我认为潜伏在这本书表象之下的严肃目的：就是要向你说

明如何看穿并揭穿那些伪劣的统计资料；同样重要的还有如何从前几章探讨过的众多骗术中识别出真实可用的数据。

并不是你遇见的所有统计信息都能用化学分析或化验室里那一套设备来检验。但是你可以提出5个简单的问题来探讨，从而通过问题的答案来避免被一些明显似是而非的东西所迷惑。

是谁这么说？

首先，要找的第一样东西是偏差。比如说，某实验室为了研究理论、获取名利而证实某事，或是报社为了发表一条能上头版的新闻，或是在发生利害冲突时对工资水平动手脚等，这都是产生偏差的原因。

要找有意识的偏差。这种偏差可以体现为直接的错误陈述或是含糊不清的措辞，这两种手段都很高明，一般情况下人们不会觉得它们有问题。有意识的偏差还可以体现为选出对自己有利的数据，剔除对自己不利的数据；也可以改变衡量的标准，比如在对比时先用某一年为基期，而后又选择对自己更为有利的另一年为基期；或是使用不恰当的测算方式，例如，明明是中位数更能说明问题（或许是过于能够说明问题），却使用了均值来计算，最后还用了一个狡猾的措辞——平均数——来掩盖事实真相。

更要注意那些无意识的偏差，因为它的危害更大。1928年，正是由于无意识的偏差使得不少统计学家和经济学家通过图表，预测出惊人的结论。经济结构中出现的漏洞被过于乐观地忽略，专家们不但引用了各种各样的证据，还从统计学的角度予以支持，从而试图说明国家已进入繁荣时期。

为了找出“是谁这么说”的答案，我们至少要多看一眼文中的描述。这么说的人可能就藏在斯蒂芬·波特（Stephen Potter）的著作《虚张声势之人》中，通常人们将其称之为“专家”。任何与医学专业相关的东西都是“专家”说的；科学实验室的结论也是“专家”研究得出；高校也是如此，尤其是在技术领域表现卓越的各个大学。前几章中提到的那个声称上大学会导致女性结婚概率降低的作者正是利用了康奈尔大学的“专家”地位。请注意，这里虽然作者使用的数据来自康奈尔大学，但结论却完全是作者自行研究得出。但是康奈尔大学的“专家”声誉却让你糊里糊涂地将结论看成了康奈尔大学说的。

当你再看见“专家”的字样，先确定字面信息下隐藏的那个人到底是不是权威人士，还是说只和权威沾了点边儿。

也许你曾看过芝加哥《商业日报》（*Journal of Commerce*）上一份引以为豪的声明。报纸做了一个关于囤积物品、哄抬物价的调查，在169家公司的答复中，有2/3的公司认为自己

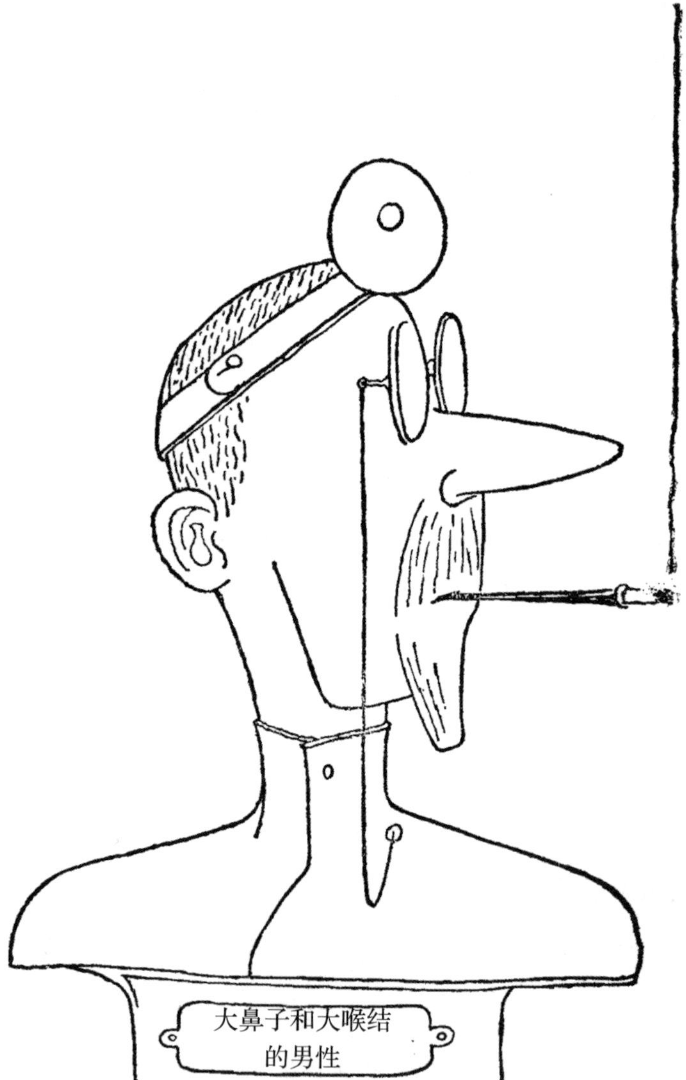
大鼻子和大喉结
的男性

是朝鲜战争造成的物价上涨的受害者。“调查表明，”这份报纸如是说（看到这里你要格外警惕这些字眼！），“这些公司的做法与美国商业系统的敌人所控诉的完全相反。”由于《商业日报》是这件事的相关一方，因此我们要问清“是谁这么说”。这里，我们更应该提出我们的第二个问题。

他怎么知道？

事实证明，起初该报社是向 1 200 家大型公司发去了调查问卷，但只有 14% 的公司予以回复。86% 的公司压根儿就不愿意公开表明自己对“囤积物品、哄抬物价”这一问题的看法。

《商业日报》对这件事表面上是一副若无其事的态度，但事实表明它没有什么可以炫耀的资本。据说情况是这样的：收到问卷的 1 200 家公司中，9% 的公司表示它们没有抬高物价，5% 的公司表示它们抬高了，还有 86% 的公司什么都没说。这些回复了问卷的公司就组成了一个可能带有偏差的样本。

要格外注意那些带有偏差的样本，到底是因为选择不当，还是像这个案例一样，调查者有意识地选择对自己有利的资料从而造成了偏差？不妨提出我们前几章的一个问题：这个样本的规模是否足够庞大，以确保任何根据这个样本而得出的结论都真实可信？

同样，当你看到关于“相关性”的报道时也要想想：它的规模是否大到足以说明问题？案例是否多到具备显著性？作为一般读者，你无法使用显著性检验或通过足够大的样本得出一个准确结论。但对于许多报道中的内容，你在一瞥之下（或者是长长的一瞥），就能发现这些内容都缺乏足够的案例，无法让人信服。

漏掉了什么？

通常，你无法得知样本中包含了多少案例。尤其是当数据来源关系到利益问题时，数据缺乏就会让人对整件事情产生怀疑。同样，一个相关如果缺乏可信的测算方式（比如概率误差、标准误差）检验，那么也就没必要把这个相关当真。

要留心那些未加说明的平均数，因为无论在什么时候，均值和中位数都有着本质的差别。

许多数据由于无法进行对比而变得没有意义。《观察》（*Look*）杂志上的一篇文章在讲到唐氏综合征时曾说："在2 800个案例中，一大半病患者母亲的年龄都达到或超过了35岁。"事实上，如果你想获知更有意义的信息，你还需要了解一下这些母亲普遍的生育年龄。但很少有人知道这些。

这里有一段摘自1953年1月31日《纽约客》杂志"伦敦来信"栏目的文字。

> 卫生部近日发布的一份数据表明，在大雾天气的一周内，大伦敦地区的死亡人数猛增至2 800人。这对公众而言无疑很震撼，因为他们向来将英国的不宜气候看作是讨厌鬼而非夺命杀手……这个冬天致命性大雾天气的造访……

但是，这个造访怎么会是致命的呢？这一周内死亡率比平时高这么多难道不是例外吗？所有的事情都处在变化之中。那么，随后几周情况如何？死亡率降至平均水平以下，是否意味着大雾中死去的人本来就已不久于人世？这个数据的确让人印象深刻，但由于没有其他数据可以对比，所以这个数据也变得没什么意义。

有时，材料只给出了百分数，却没有给出原始数据，这种数据也带有欺骗性。很久之前，约翰·霍普金斯大学开始招收女性学生，有个特别反对男女同校的人报道了一则让人大吃一惊的消息：约翰·霍普金斯大学 33%（也就是 1/3）的女生嫁给了该校的男老师！最后还是原始数据还原了事实的真相——其实当年只有 3 名女生入学，其中之一嫁给了大学老师。

若干年前，波士顿商会推选出了一些做出杰出贡献的女性，其中有 16 人随后被载入了《美国名人录》。据说这 16 个人总共有“60 个学位，育有 18 个孩子”。似乎这个信息颇为全面，不过后来你会发现，这 16 人中还有弗吉尼娅·吉尔德斯利夫（Virginia Gildersleeve）院长和莉莲·吉尔布雷思（Lillian M. Gilbreth）夫人。这两人的学位加起来就占了 60 个学位的 1/3，而仅是吉尔布雷思夫人一人就育有 12 个孩子。

一家公司宣布 3 003 人持有该公司的股份，每人平均持有约660股。这倒是实话。不过同样是实话的还有，公司共有200万股股票，其中，3位大股东的股份就占了3/4，而剩下的3 000人总共持有的股份只占1/4。

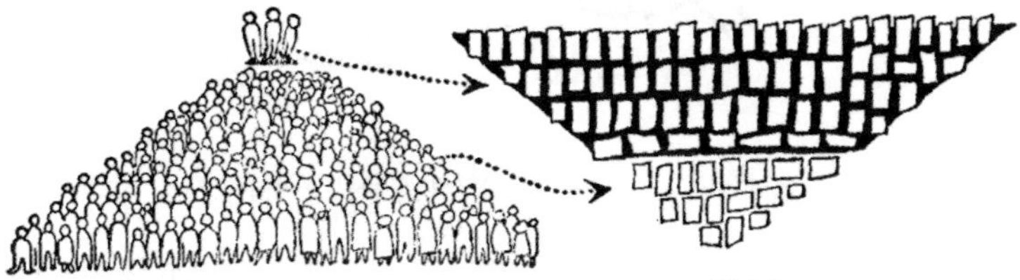

如果给你一个指数，你也许要问是不是漏掉了什么。该指数也许是被挑来用以扭曲事实的。一个全国性的工人组织曾经表示：经济萧条过后，利润和生产指数的增长要比工资指数的增长快得多。但是，有人找到漏掉的数据时，这个作为要求涨工资的论据就失去了效力。这是因为经济萧条时期利润已经降至一个较低水平，其基数较小，所以利润在此基数上增长的百分比一定会比工资的大。

有时候被漏掉的还有导致变化发生的因素。这种遗漏往往暗示着其他因素才是导致变化发生的主要原因。有人发布了一份数据，对比了今年四月和去年四月的零售销售额，目的是要证明今年经济处于复苏阶段。但遗漏的事实是，去年复活节假期在三月，而今年的则是在四月。

一份报告曾指出“过去25年内因癌症死亡的人数大幅增长”。这份报告也带有误导性，除非你知道这个结论是一些不相干因素的产物。例如：以前“原因不明”的病症现在都被确诊为癌症；尸体解剖更加频繁，因此诊断更为确切；医学统计材料的上报和编纂更为完善；此外，现在人均寿命延长，因此，更多人能活到容易患癌症的年龄。而且，你看到的应该是死亡总人数而非死亡率——不要忽略这个事实，因为现在的人口总数比以前要多。

有人偷换了概念吗？

在分析一份统计数据时，你要注意在原始数据和最终结论之间有没有什么地方被偷换了概念。将一件事说成是另一件事可是常有的。

正如上文我指出的那样，某种病例被上报的多并不意味着患这种病的人就多。某个候选人在一场非官方的民意测验中获胜并不意味着他在选举中也会获胜。虽然读者说自己喜欢看与世界时政相关的文章，但并不意味着刊登此类文章会提高杂志的销量。

1952年，加利福尼亚州中部山谷地带上报的脑炎病患数是此前历史最高水平的3倍。许多受到惊吓的居民都将自己的孩子送往外地。但是计算起来，因昏睡性脑炎而死亡的人数并没有增加很多。其实，事情是这样的：当时，为了解决这个地区长期以来棘手的医疗问题，大量的联邦及州立医务人员之前就来到这里，在他们的不懈努力之下，许多之前被忽略或未被识别的轻微病例也被记录在案。

这件事让我想起了两位纽约记者——林肯·斯蒂芬斯（Lincoln Steffens）和雅格布·里斯（Jacob A. Riis）制造的犯罪激增事件。报纸上的犯罪案件不论是在数量上还是在版面上都占了相当大的比例，甚至报社还配备了大字标题。这些使得公众要求政府采取行动来打击犯罪。时任改革警政委员会主席的西奥多·罗斯福（Theodore Roosevelt）为此大为窘迫。最后，他不得不开除这两位记者才制止了这场犯罪激增事件。引起这一切的原因，不过是因为这两人带领记者们搞了个竞赛，看谁报道的盗窃等类似案件最多。但是，官方记录在案的犯罪事件却没有增多。

“5岁以上的英国男性在冬天洗热水澡的平均次数为每周1.7次，夏天为每周2.1次，”某报纸曾这样报道，“而英国女性在冬天洗热水澡的平均次数为每周 1.5 次，夏天为每周 2.0 次。”数据的来源是英国建筑工程部（The Ministry of Works）的一项热水调查，调查对象是“6 000个典型的英国家庭”。可以说，这个样本具备代表性，而且样本的规模也足够庞大。这个调查足以证实旧金山《编年史》（*Chronicle*）的有趣结论：英国的男性比女性更爱洗澡。

如果能说明调查所用的平均数到底是均值还是中位数，那么，这些数据就更能说明问题。然而，调查存在的主要问题还是偷换概念。该调查所得到的答案只是人们声称的洗澡次数，而非他们真实的洗澡次数。当涉及的主题是如此私密的问题，而且还关系到英国人洗澡的传统时，说的和做的可就未必是一回事儿了。说不清到底英国男性和女性谁更常洗澡，一个比较保险的结论是“他们自己说他们是这么做的”。

这还有更多偷换概念的方式需要你留心。

当某次普查发现，1935年的农场数量比5年前要多50万个左右时，人们都以为这是一场“回归农场”的运动。但是，实际情况是两次统计数量的口径不一样。美国人口普查局所定义的农场概念发生了变化，所以，按照1935年的定义，1930年并不算在内的30万个农场都被囊括进来了。

当数据是在人们口头回答的基础上得出时（即使人们所说的似乎都是客观事实），怪事就出现了。比如，人口普查报告表明年龄为35岁的人要多于年龄为34岁或36岁的人。这种数据来自一个现象：家庭成员在上报其他人的年龄时，不会说确切的年龄，而是倾向于报出一个整数，一般这个整数都是5的倍数。要想知道每人的准确年龄，你就得询问他们的生日。

某个面积很大的地区的人口为2 800万，5年之后变成了1.05亿。这个增长基本上不是真实的，两者之间的巨大差别只能通过两次人口普查的目的和人们看法的不同来解释：第一次普查是为了征税和征兵，而第二次则是为了赈灾。

美国也曾发生过类似的事。1950年的人口普查发现65~70岁年龄段的人数比10年前55~60岁的人数更多。这个差别不是因为移民人数增多而造成的，最有可能的答案是人们为了得到养老保险而大规模地篡改了自己的年龄，或者也可能是以前的人们为了虚荣就少报了几岁。

另一种偷换概念的方式可表现为议员威廉·兰格（William Langer）的呼吁："我们可以将阿尔卡特拉兹岛的犯人重新安置到华道夫–阿斯多里亚酒店，因为这样更省钱……"这位来自北达科他州的议员以前曾指出，一名囚犯在阿尔卡特拉兹岛的开销是每天8美元，"这相当于旧金山一家条件不错的酒店一天的房费。"这样，概念就已经从阿尔卡特拉兹岛囚犯的全部开销变成了仅是一间住房的费用。

自命不凡地瞎扯一通，将因果关系搞乱是偷换概念的另一种方式，将"相关关系"说成"因果关系"。《电力世界》（*Electrical World*）杂志曾为一篇题为《电力对美国而言意味着什么？》的社论配了图表，在图表中你可以看到工厂里的电动马力在不断攀升，每小时的平均工资亦是如此。但与此同时，每周的平均工资却在下跌。当然，这都是长期趋势，也并没有证据能表明其中之一是其他事物产生的原因。

此外还有“第一”的问题。如果不特别说明涉及的相关领域，每个人都可以宣称自己是业界第一。1952年年底，有两家纽约报社都声称自己才是百货业广告的领头羊。从某种意义上来说，这两家的说法都有道理。《世界电讯报》(*World Telegram*）解释说在完整刊登广告这一方面它是第一，其实这份报纸也只刊登这种广告；而《美国日报》(*Journal-American*）则坚持说如果按行数计算广告，它就是第一。这就是那种能达到最高级的办法，播音员正是利用这种办法才能将非常普通的一天说成“自1949年以来最热的6月2日”。

如果你正盘算着向某人借钱，那么不管是直接一次还清还是分期偿还，一旦偷换概念，你就很难比较两者的成本。6%的利率听起来是6%，实则不然。

如果你以6%的利率向银行借了100美元，打算以每月定额偿还的形式在一年之内还清，那么你借这笔钱的利息就大概是3美元。但如果你选择了另一种方式来借这100美元，那么利息就是6美元，利息可相当于前一种方法的两倍。大部分购车贷款的利息就是用这种方法来计算的，真是太狡猾了！

问题的关键是，在分期付款方式下，100美元你并没有用满1年，6个月以后你已经向银行偿还了一半。如果采用第二种方式，借100美元的利息是6美元，或者说利率为6%，那么你实际承担的利率大概为12%。

还有比这更糟糕的是，在1952—1953年，有些粗心大意的商人计划购买冷冻食品的事情。他们看到的报价是6%~12%，这看起来像是利率，实际上并非如此。这个百分比是以美元为基础计算的，而且最糟糕的是时间是半年而非一年。半年内先借100美元，然后再定期偿还共12美元，那么，最后算下来的实际利率就是48%。怪不得有那么多消费者拖欠着不肯还钱，也难怪有那么多的食品计划最终告吹。

有时候，人们也会拿词义做文章以达到偷换概念的目的。下面是一则引自《商业周刊》杂志的消息：

> 会计们认为“剩余”是个让人很不愉快的词语，于是，他们建议将这个词从公司的资产负债表中抹掉。美国会计师协会的会计程序委员会说：“……可以使用类似‘留存收益’或‘固定资产增值’等描述性的术语。”

以下这则消息摘自某报纸报道标准石油公司收益打破历史新高，净利润为每天100万美元的新闻：

可能公司董事正在考虑将股票分割，因为这么做应该有好处……如果每股的利润看起来没有这么大的话……

这是否合乎情理？

如果你看到的烦琐资料是以一个未经证实的假设为基础，你就要问问“这是否合乎情理？”这个问题能暴露这些资料的底细。可能你很熟悉鲁道夫·弗莱施（Rudolf Flesch）的可读性公式，这个公式是通过一些类似于词语和句子长度这种简单而客观的项目来检测一篇文章的难易程度。有不少方法是将一些不可衡量的东西简化成数据，然后用计算来代替判断。这个公式有点儿像这种方法，看起来还挺吸引人。至少这个公式吸引了报纸出版商等雇人写作的人，而许多作者就对此不感兴趣。这个公式假设了词语和句子的长度决定了文章阅读的难易程度。但是，我要说句不中听的，这个假设还有待证实。

一位名叫罗伯特·杜福尔（Robert A. Dufour）的人用弗莱施公式随便检测了一些文学作品。结果证明，阅读《睡谷的传说》（*The Leqend of Sleepy Hollow*）的困难度是阅读柏拉图的《理想国》（*Republic*）的1.5倍；辛克莱·刘易斯（Sinclair Lewis）的小说《海棠春怨》（*Cass Timberlane*）被认为比雅克·马里顿（Jacques Maritain）的文章《艺术的精神价值》（*The Spiritual Value of Art*）更难理解。说的跟真的似的！

不少统计材料从表面上看就能知道是假的。这些材料之所以能敷衍了事完全是因为数据的神奇力量使常识暂时失效。莱昂纳德·恩格尔在《哈珀斯》上发文列举了一些医学界的事例。

> 有一个例子是一位著名的泌尿科医生做的计算：全美有800万人罹患前列腺癌。这也就表明每个男性到了易患癌症的年纪都有1.1次患前列腺癌的可能！还有一个例子是一位杰出的神经科医生估计每12个美国人当中就有1人患有偏头痛；而慢性头痛患者中，偏头痛患者占1/3，这就是说，有1/4的美国人遭受着头痛病的折磨。最后一个例子是说患多发性硬化症的约为250 000人，但是让人高兴的是，死亡人数表明全国患有这种瘫痪病的约为30 000~40 000人。

修订《社会保障法》的听证会上总是萦绕着各种各样的争论，只有你不认真思考时，这些争论才有意义。有一条争论是这样的：由于人均寿命大约只有63岁，所以到65岁退休后才生效的养老保险就是一个骗局，因为还没到65岁大家几乎都死掉了。

只要看看你周围的人就可以反驳这个争论。其最基本的谬误是这个数据指的是自出生之日算起的预期寿命，大约一半的婴儿都将活到这个年龄。顺便说一句，这个数据来自最近官方发布的完整寿命表，时间范围是1939—1941年。当然，最新的估算将其修订为65岁。也许这还会引发另一场同样愚蠢的全新争论：是不是所有人都能活到65岁？

第二次世界大战后，一家电器公司以出生率不断下降的事实为基础（人们在很长时间内都想当然地认为出生率在下降）制订了一个高速、高效的战后生产计划。这个计划的重点是生产小容量电器以及家用电冰箱。其中，有个计划制订者却反对这种常识的设定：他从冗长的图像和图表中跳出，发现他和他的同事、朋友、邻居及以前的同学都想要3个或4个孩子，当然也有少数人例外。因此，公司又进行了一次更为开放的调查和制图，根据得出的结论，公司很快将生产重点转向了更能盈利的大型家庭使用的电器。

能给人留下深刻印象的精确数据也可能是与常识相悖的。纽约的一份报纸曾报道称：一个和家人住在一起的职业女性每周至少需要挣够40.13美元才能养家糊口。任何具备逻辑能力的人在看到这份报纸时都会意识到，维持生活的花费不可能精确计算到美分。但这里有一个可怕的诱惑："40.13美元"怎么听都比"大约40美元"要来得确切。

你也有权用质疑的眼光来看看多年前美国石油工业委员

会（The American Petroleum Industries Committee）的报告。报告声称每年每辆汽车平均纳税 51.13 美元。

外推法相当有用，尤其是在被称为“预测趋势”的过程中。但是，看见在研究和预测中用到的数据或图表时，你必须时刻谨记：截至目前的趋势或许是事实，但是未来的趋势不过是预测者的猜测。它所隐含的信息是“所有的事情都一样”“目前的趋势还将继续”。但是，所有的事情不会一成不变，否则，生活就会变得无聊透顶。

用一个例子来证明不加限制的外推法所隐含的荒谬，不妨看看电视的增长趋势。1947—1952 年美国家庭拥有的电视数量大约增加了 10 000%。如果按照这个趋势推测，那么 5 年之后，全美国就将有几十亿台电视，相当于每家有 40 台电视，这简直不可想象！如果还想表现得更愚蠢，你可以将 1947 年之前的某一年当作基期，你就会“证明”每家拥有的电视不是 40 台，而是 40 000 台！

莫里斯·汉森（Morris Hansen）——一位政府研究人员——曾将盖洛普在 1948 年做的选举预测称为“人类历史上最值得宣传的统计错误”。但是，与一些被广泛使用的未来人口预测相比，这个预测堪称精准的楷模，而这些人口预测早已沦为全美国人民的笑柄。1938 年，一个由专家组成的总统委员会曾怀疑美国人口是否能达到 1.4 亿；但仅仅 12 年之后，

美国人口就比这个数据多了 1 200万。一些当时出版的、仍在大学里使用的教科书中就预测说美国人口的最高峰不会超过1.5亿，而且，如果真要出现，那也是1980年以后的事。正是由于假设了当时的人口增长趋势会一成不变，才会导致如此可怕的过低估计。一个多世纪之前，也是由于采用了1790—1860年间人口增长趋势进行预测，从而导致了估算过高的糟糕结果。在亚伯拉罕·林肯（Abraham Lincoln）递交给国会的第二封信中，他就曾预测美国人口将在1930年达到251 689 914人。

此事不久以后，即1874年，马克·吐温（Mark Twain）在其著作《密西西比河上的生活》（*Life on the Mississippi*）中总结了外推法的荒谬之处：

> 176年之内，密西西比河下游缩短了242英里（约389千米），平均下来就是每年缩短了约1.33英里（约2.14千米）。因此，任何一个既不瞎也不蠢的冷静之人都知道，到明年11月的整整100万年之前，密西西比河下游的长度超过了130万英里（2 092 147.2千米），就像一个鱼竿似的伸到了墨西哥湾里。同样，所有人也都知道，自现在算起的742年之后，密西西比河下游会缩短到1.75英里（约2.82千米），而开罗和新奥尔良的街道将会连在一起，在同一位市长和同一群市参议员的领导之下，人们将会一起愉快地工作。这就是科学的魅力所在：只不过进行了一点微不足道的投资，却可以得到如此丰厚的收益！

致 谢 HOW TO LIE WITH STATISTICS

这本书里有许多看似高明的关于错误和欺诈的小故事。如果没有他人的帮助，我根本无法收集到如此广泛的例子。我通过美国统计学会发出呼吁，不少统计学家（相信我，他们就像所有人一样对滥用统计深恶痛绝）给我大方提供了他们搜集的事例。我想这些人不希望在这里提及他们的姓名。此外，我还在其他书中找到了不少有价值的事例。这些书主要有：马丁·布伦博（Martin A. Brumbaugh）和莱斯特·凯洛格（Lester S. Kellogg）合著的《商务统计学》，哈德利·坎特里尔（Hadley Cantril）所著的《公众舆论测定》，威拉德·科普·布林顿（Willard Cope Brinton）所著的《统计图表》，弗雷德里克·克罗克斯顿（Frederick E. Croxton）和达德利·考登（Dudley J. Cowden）合著的《实用统计学》，乔治·辛普森（George Simpson）和弗里茨·卡夫卡（Fritz Kafka）合著的《基础统计学》，以及海伦·沃克（Helen M. Walker）所著的《基本统计方法》。